写在闾巷边上

董宁文 著

文汇出版社

图书在版编目(CIP)数据

写在开卷边上/董宁文著.—上海：文汇出版社，2020.8
(开卷书坊/董宁文主编.第九辑)
ISBN 978-7-5496-3214-5

Ⅰ.①写… Ⅱ.①董… Ⅲ.①散文集-中国-当代
Ⅳ.①I267

中国版本图书馆CIP数据核字(2020)第083311号

写在开卷边上

策　　划 / 宁孜勤
主　　编 / 董宁文
书名题签 / 钟叔河
篆　　刻 / 韩大星

作　　者 / 董宁文
责任编辑 / 鲍广丽
封面装帧 / 观止堂_未氓

出 版 人 / 周伯军

出版发行 / 文汇出版社
　　　　　 上海市威海路755号
　　　　　 (邮政编码200041)
经　　销 / 全国新华书店
排　　版 / 南京展望文化发展有限公司
印刷装订 / 安徽新华印刷股份有限公司
版　　次 / 2020年8月第1版
印　　次 / 2020年8月第1次印刷
开　　本 / 889×1194 1/32
字　　数 / 200千字
印　　张 / 8

ISBN 978-7-5496-3214-5
定　　价 / 50.00元

自　序

这一二十年来，编辑《开卷》这本读书刊物已经融入我的日常生活之中，每天，时间总是在看稿、编稿、校稿的循环往复中流淌。当然，除了这本刊物的编辑之外，"开卷"系列的其他图书的组稿、编稿、出版等环节所需要的时间也自然而然地融合在一起，虽说看起来这是波澜不惊、平淡无奇的庸常生活，却觉得很踏实，或者也可以说是乐在其中吧。

这些年，好像大多都在为别人做嫁衣，其实反过来说，在千针万线缝制这些"嫁衣"的过程中，应该还是很享受其中的酸甜苦辣的，否则怎么可能乐此不疲地一做就是二十来年呢？

《开卷》的编辑工作确实占据了我的生活中的大部分时间，自己的写作时间、写作的文章数量都是比较少的，但围绕《开卷》内外的书人书事，还是写下了一些或长或短的文章，收入这本小书中的三十几篇，数量虽然很少，但自述、序跋、访谈、书评等却很庞杂，这个也许就是《开卷》这本刊物内在气息的表现吧。其中还有一些是有关民间读书年会方面的文字，这个也是与《开卷》紧密相关的一个重要方面或者说组成部分吧。

附录收入的十余篇朋友们的文章，也是这本书之所以成立的一个有机组成部分，相信《开卷》的读者对我的这个想法是有共鸣的。

这些年来在我参与编辑的百数本图书中，包括十余本拙著，都很少自己写序，一般都是以后记来说明编辑该书的相关情况，这本可能是一个例外，我考虑自序还是有些必要的。

I

这本小书中的文章写得很平实，毫无文采可言，但或许会给喜欢《开卷》的朋友们提供一些阅读"开卷"系列的线索，而且所写的内容大多是有真情实感的，想必读者会有自己的评判。

本书附录的最后一篇由王志整理的有关民间读书年会的资料，或许还不是很全面，但确实有一定的文献价值，期待书友们的补充和完善。

还有一点需要说明一下，收入本书的文章基本上都是以写作的先后时间编排的，具体发表时间或许有所延后。另外，每篇文章的后面大多标注了发表的具体报刊或者出版物的名称以及时间，部分没有标注的文章基本上都是首次发表，也就是说这些文章都是第一次在本书中与读者见面的。

二〇二〇年二月三日上午写于金陵开卷楼晴窗，时值新型冠状病毒肆虐之时，祈愿人们通过不懈的共同努力，早日战胜病毒疫情，重回阳光雨露的缤纷多彩的世界！

目 录

001　追忆黄宗江先生
006　乐此不疲编民刊
007　追忆黄裳先生
013　民间读书报刊年会缘起
016　闲话锺叔河先生的墨迹
019　《西窗看花漫笔》编后记
023　《开卷闲话序跋集》小引·跋
026　《开卷》十五岁，翩翩少年矣
030　《退密文存》编后小记
033　《书脉人缘》编后漫记
036　"困境"和"突围"的断想
038　蔡玉洗先生以及《开卷》
042　《宁文写意》编后漫记
046　看《悦读》，忆故人
051　天地原是好家乡
　　　——《旧风旧雨》序三
055　《开卷闲话十编》后记
060　《〈开卷〉二〇〇期》序跋
067　闲话"开卷"系列的毛边本
070　我所知道的毛边书局以及傅天斌
073　郭睿的抱朴守真与墨守我心

078 《问津四雅·开卷》编者私语
083 从《普希金抒情诗选》想起的书店往事
089 民间读书声
　　——十五届全国民间读书年会之简略回顾
094 问津开卷几年间
097 闲说韦明铧先生
100 缘为书来滋味长
　　——我的读写四十年
120 《文脉——基础甲骨文100字》序
122 《闲话开卷》后记
126 序《书日子——悦读日记（2012）》
128 妙解民俗掌故，漫画意味深长
　　——潘方尔绘《民俗掌故日历》闲读偶感
131 "开卷楼"中说阅读
135 真正的读书是无功利的
　　——答《易读》问
144 《闲话开卷续编》后记
148 从癖斯居到开卷楼
162 书忆流沙河先生

附录
169 我看《开卷》（任红伟）

172 董宁文和他的《开卷闲话》(吴昕孺)

175 董宁文:一个南京人的文化坚守(萧轶)

182 "独裁"的董宁文(董国和)

200 从《开卷》到《宁文写意》(王犁)

202 撰联小札:董宁文(毛乐耕)

205 我与《开卷》的书缘两题
　　——兼致敬子聪先生(王德亭)

210 董宁文(周实)

220 写在文坛边上
　　——喜见《闲话开卷续编》(方怀银)

223 精彩时刻的私人记忆
　　——那些记录了全国民间读书年会的书刊(王志)

235 开卷有瘾(宁孜勤)

238 编后小记

追忆黄宗江先生

八月份，我去北京看黄老时，他身体还不错，就是有些瘦。没想到我走后不久，就听他女儿说被查出来有肿瘤……

我们俩年纪差四十多岁，算是忘年交。但两人都爱书，所以也很投缘。每次我去北京，都会去看望他。

黄老每次有新书必定会签名送给我一本，我家中有一二十本黄老的书，不仅有大家都知道的《海魂》，还有一本快散了架的《卖艺人家》。这本是他的处女作，是我很多年前在网上购得，后请他题签曰："此版本范用公最赏识，是解放前夕辛笛操办，辛之装帧，黄裳题签，得宁文收藏，甚慰。宗江甲申春深。"后来，我还得到过一本数十年后新印的增订本。

我经常会寄给黄老我编的《译林书评》小报和《开卷》小册子，黄老不仅十分欣赏这份出自南京的刊物《开卷》，还将其列为自己最喜欢的读物，有时还会给我们这个小册子提些意见。前几年，他还专门为我的《人缘与书缘》写过一篇序——《秦淮河读宁文》。

黄老最后一次来南京是二〇〇八年，当时是三个女儿陪他一起来南京"寻梅"。我听黄老讲，他曾经和夫人阮若珊在南京梅花山的一棵梅花树前定的情，他那次来就是为了寻那棵定情的梅花。在南京那几天，本来我说好要陪黄老一道去梅花山的，不巧去的那天我正巧有其他的事，就没有陪他去，不过听说他最后找到了那棵梅花树，还留下了一张照片。他对南京有着很深的感情。

黄老除了是一位优秀的艺术家之外，还有很多种身份：演员、导演、编剧、作家，是一位了不起的大杂家，他还是一个特别受人喜爱的老头。黄老很好相处，对每个人都挺好。还有就是思维特别活跃，我认识他的时候他已经快八十岁了，虽然看起来有些老态龙钟，可思维特别敏捷，记性也很好。帮他办点事，他还要惦记着送我一瓶茅台酒。

江苏文艺出版社近期要出版一本黄老的集子，都是他这些年写的一些小文章，八月份我去看他时，他还惦记着这件事呢。可惜他看不到了。

（此篇采访选用了本人的文字整理稿，刊登时题为《对南京，他有着很深的感情》，原载二〇一〇年十月十九日《南京日报》）

附：
扑不灭的火焰——记黄宗江

我到时，黄宗江在家已等候多时，一进门他与阮若珊问有没有淋到刚刚下过的一阵紧雨，我说没有。他说你带西瓜、啤酒这些东西来干吗？不过都很实用。

坐下来后，黄老及阮老问我喝什么，我说就喝茶吧，黄老即去厨房为我沏了一杯绿茶。黄老说，我这个人交的朋友很多，但我这个人却是不善交游。我交友也是有原则的，以前，是对"文革"的意见相一致的就交，不一样的坚决不交，后来这个标准有改变。

黄老说，钱锺书这个人比较傲，不是一般的傲，他如果发现有学问的人在文章中错了一个地方，他就不放过。一九四一年前后，他与密友、我的叔叔冒辟疆经常在一起喝咖啡，

黄宗江在南京友人书房留影　周建新　摄

每次叔叔都是带我一起去,可我从不插话。

黄老又说:"我这个人对名人的态度,如巴老、冰心、夏衍等人不去打扰就是尊敬了,我一生见过的名人不少,如果一面之缘就写文章,那么也可以有一本书了,那这又有什么意思?我现在已是八十岁的人,文章可写可不写的坚决不写。"

提到邀请他去南京凤凰台饭店的事,他说愿意和黄裳同去,范用亦可同往。他说九月份、十月份比较好,十一月初他将去杭州一趟,参加周信芳百年诞辰纪念活动并要发言。

不久我即告辞。当晚六点四十五分,再次踏入黄宗江先生家,取他写的《读林昭》一稿。黄老说:"我要多多宣传林昭,许多人还不知道她,这篇是专门为你们《开卷》写的,当然《文汇报》《新民晚报》《今晚报》等几家若要得紧,也许也会给他们,当然还包括《随笔》。今年秋天我会去南京,告知宋词不要擦肩而过,也许明年元月还会在梅花山赏梅。五十多年前我和老伴曾去过梅花山,这张照片已收在《老伴集》中,这回是在凤凰台上观梅花,老伴、女儿一道去。我送蔡玉洗两本书,一为《老伴集》,一为《卖艺黄家》。"在《卖》的扉页上,黄宗江先生题道:"神交已久。因为书中的《我的自白书》一文首发在蔡总主编的《东方纪事》上,所以可谓神交。"

二〇〇二年一月

(原载《书脉人缘》,青岛出版社,二〇一九年一月版)

贺《开卷》五岁
开卷开卷
有益有益
也不能说真话
也不要说假话 黄宗江
乙酉暮春

黄宗江为《开卷》创刊五周年题词墨迹

乐此不疲编民刊

很多人都在支持《开卷》，这就是这个刊物能够编下去的理由，或者说动力，因为很多刊物在编辑过程中都会有非常多的困难，非常多的问题。但是我觉得坚持非常重要，不管你有什么困难都要坚持。像《书友》原来也挺有影响的，也非常好，搞了很多东西出来，但是领导一变，就说休刊，一看就知道玩了一个噱头，这样的领导非常多。他们觉得不喜欢，觉得跟他们的业务没关，就不办了，这个事情非常令人遗憾。

下面我们说一说动力，就是每个刊物都存在着前途问题。东莞的《易读》第一感觉非常好，里面文字也挺好，希望能坚持一段时间，至少说有几年时间，这样就可能会留下来一点记忆。我觉得记忆很重要，这样也就会有一个理由让我们可以每年有一个机会在一起，相聚一堂。

编刊物就是周而复始的一种劳动，看稿子、写稿子，始终是在那里劳作，虽然很烦琐，但也很有乐趣，对我们这些人来说，应该叫乐此不疲吧。

（此文为在温州图书馆主办的第九届全国民间读书年会上的发言）

追忆黄裳先生

与许多朋友一样，因为书缘，我与黄先生有了交往，算算大约有一二十年的时间了。

六月二十四日，上海友人告知黄老先生两周前住院，现已脱离危险，正在好转。我本想去医院看望黄先生，友人说等他出院回家再去看望比较好。八月十日，我去上海办事，在火车上收到友人手机短信"黄先生已出院，正在恢复中"，我告知这两天即去看望黄先生。

第二天上午，与黄先生的女儿联系上，十一时许如约到陕西南路黄先生寓所看望老人。进门后家人说黄先生还未起床，因前晚看书迟了，睡不着，所以直到中午还躺在床上。我说等一会吧，家人说没事，进卧室吧。

见到我，老人显得精神不错，面带笑容。我大声问候黄先生，黄先生轻声地应着，但却听不清他的话。接着，黄先生就示意家人将已放在床沿边的五套刚刚收到的新印旧作《猎人日记》《纸上蹁跹》给我带回南京送给友人。我说签个名吧。其实老人耳朵早已失聪，却反应极快地明白了我的意思，拿起笔，分别给他的老朋友杨静如（杨苡）和我各签了《猎》和《纸》，还给南京图书馆的一位朋友签了一本《猎》，但却辨认不出他写的是哪一位的名字。因《纸》的插图是用

黄裳在家中读书

的已故高马得先生的戏曲水墨画，我说给高马得的夫人陈汝勤也签一本吧，黄先生即题了"汝勤夫人正之"数字。因是躺在床上仰签的，字迹与往日有少许的不同，但还是一眼可辨先生之笔迹。那天我看他恢复得不错，以为他能闯过这一关。就在那天，陆灏还收到黄先生在收到《猎人日记》样书后给他写的信，对这本书表示很满意。回到南京后，我想着过几天也许也会收到黄先生的信，因前不久他还给我写信谈及我最近想为他再编一本书的事情，同时让我代购新出的《邓之诚文史札记》（那天问他是否收到我寄给他的这套书，他点头说收到了）。不承想那次见面却是最后的一面了。

我与黄先生这些年交往还是比较多的。十多年前，我还曾邀请黄先生重游金陵，并陪他在南京走了一些地方。黄先生还经常给拙编《开卷》赐稿，并为拙著《人缘与书缘》《开卷闲话》等写过序言，我也有幸为黄先生编过《清刻本》《梦雨斋读书记》和《寻找自我》三本书。正如很多人所接触到的那样，与黄先生面对面交流总是很沉闷，因为他的话非常少，如果读他的文章，根本无法想象他的少言寡语，这确实是发生在一个人身上。我与黄先生交谈觉得还好，并不是太累，有时还能听到他爽朗的大笑。

黄先生的作品涉及面非常广，所谈均有见识，且不说那么多谈古籍版本的，就是谈戏曲、古典文学，以及《红楼梦》等都是一流专家的手笔。黄裳的文字非常典雅，十分耐读耐品。即便九十高龄仍能与人争辩，往往下笔万言。最近读到汪成法先生所写《九〇后黄裳的火气与深情》，觉得汪先生说得非常透彻，有兴趣的朋友不妨找来一读，或许会对理解黄裳先生的火气与深情有所帮助。就我本人的阅读兴趣而言，我对《珠还记幸》那一类文字更有偏爱，读来往往觉得回味无穷。

现在像黄裳先生那样从二十世纪四十年代走上文坛，直到去世前仍笔耕不辍且笔力雄健的人大概没有第二个人了。黄

《开卷》无小体，制作精纯，时出妙作，流誉士林，立此存照，文苑可珍，兹词数句，荐此青春。

为《开卷》十周年题

黄裳

黄裳为《开卷》创刊十周年题词墨迹

裳先生所创作的大量文化散文或者说学者散文的风格可谓独此一家，这与他的功力、识见、趣味和文笔是浑然天成的，这种风格也许会成为文坛一座难以逾越的山峰吧。

（此文为接受李怀宇采访所写的文字稿，这篇采访原载二〇一二年九月十三日《时代周报》，题目为《93岁黄裳去世，送别"写作界"的奇迹》，刊发时文字有所删节）

黄裳墨迹

民间读书报刊年会
缘起

二〇〇〇年四月，经过三四个月的筹划，由凤凰读书俱乐部主办的读书月刊《开卷》正式在南京创刊，经过三年多的连续出刊，这本只有一个印张、单色印刷的朴素的读书小刊物在读者中产生了比较良好的影响，也受到了喜欢它的读者的偏爱。到了二〇〇三年底前后，由于《开卷》作者阵容的不断强大，我们开始策划出版"开卷"系列丛书，到当年十月的时候，"开卷文丛"一辑十本由凤凰出版社出版。这套由王辛笛、朱正、朱健、范用、锺叔河、流沙河、绿原、舒芜等作者支撑的丛书的出版，基本确定了"开卷"系列丛书的定位。

大约在二〇〇三年五六月间，在与《开卷》主编蔡玉洗聊天时谈到当时像《开卷》这样的内部读书小刊物在国内大约有哪些，当时我们就想到了济南的《日记报》、北京的《芳草地》、十堰的《书友》、嘉兴的《秀州书局简讯》、上海的《博古》、成都的《读书人》、合肥的《博一论丛》、南京的《可一》等。当时我们就想，如果有机会将这些同道召集在一起，交流各自的办报编刊的经验与体会将是一件非常有意思的事情，至少这些同道都是喜欢读书的，交流起来一定会相互启发，各自都会从中获益的，当然最重要的是读书人在一起会有谈不完的话题。在那天谈过之后，我们就开始着手联系筹备相关的会议工作了。

之后，南京的薛冰、徐雁等《开卷》的编委又几次碰头商量相关会议的事宜，记得当时拟定的会议名称是"全国民间读书报刊研讨会"，后来觉得不妥，经过综合考虑，先后又想过几个会议名字，到最终开会前的一天，又将会议名称改为非常低调的"首届自办读书报刊讨论会"。

二〇〇三年十一月二十九日下午，"首届自办读书报刊讨论会"在南京凤凰台饭店五楼"英语沙龙"正式召开，来自各地的十余家自办报刊的代表参加了此次讨论会，根据当时《开卷》对此次会议的记载，于晓明、邓德懿、自牧、李传新、阿年、陈武、陈克希、范笑我、顾军、钱晓征、徐雁、黄成勇、彭卫国、董宁文、虞豪、蔡玉洗、谭宗远、薛冰、戴玮等人参加了讨论会，可能还有一些朋友参加了，只是没有记录下他们的名字。

蔡玉洗主编在讨论会开场白中说道："这次会议是民间自发的活动，没有官方色彩，主要讨论办读书类报刊的甘苦，探讨自办读书刊物在现今受到读者欢迎的情况下如何进一步发展。自办刊物的出现，说明国家的政治经济文化发展中有一种开明温和的风气。我们强调这次会议是非官方的、非营利的，主要集中了'民间气'。我们的目的是要真心为喜爱图书的人提供好的指导，同时也希望每年我们这些朋友都有一次聚会，交流甘苦与经验。随着出版业的发展，我们有理由相信这种活动会越来越兴盛。大家介绍自己刊物的由来、宗旨、资金筹集以及办刊编报的经验。我代表《开卷》编辑部热烈欢迎诸位朋友。"蔡主编简短的开场白为以后的读书年会一届一届地顺利召开拉开了一个比较恰当的序幕。

第二天下午，参加讨论会的以上各位代表还与江苏出版界及学术界、文学界的姜小青、董健、杨苡、卞孝萱、赵本夫、徐宗文、俞律、刘二刚、宋词、余斌、江锡铨、化铁、杜辛、速泰熙等人一道参加了"凤凰出版社'开卷文丛'首发式"。首发式结束后,"首届自办读书报刊讨论会"也落下了帷幕。

二〇一二年十月十七日写于南京南郊

(原载《悦读时代》二〇一二年第四期,与蔡玉洗共同署名)

闲话锺叔河先生的墨迹

与锺叔河先生结缘已有十五六年了,现在已回忆不出是哪一年、或者说如何结识的,但有一点是肯定的,那一定是因书而结缘的。二〇〇三年前,似乎并没有见到过锺先生,但是因为我编辑的一本读书小刊物《开卷》,更早还因我编的另一份外国文学书评的四开小报《译林书评》,有幸得到锺先生的多次赐稿支持,使得拙编增添了浓浓的书卷气。

《开卷》是二〇〇〇年春天在南京创刊的,出刊两三年后在读书人中有了一些良好的反响,于是我就在刊物的作者中约请他们各编一本自己的读书随笔集,也就是在二〇〇三年十月由凤凰出版社出版的一套十本的"开卷文丛"。作者大多是老学者、老诗人和老出版家,最老的是"九叶派"诗人之一的王辛笛先生,另外还有范用、绿原、朱正、朱健、流沙河、舒芜等先生。锺先生在这套丛书中的那本书为《偶然集》,锺先生在该书的《小引》中这样写道:

二〇〇〇年冬天,我也出过一本《偶然集》,在那封面的"折口"上印有这样几行字:

"本书为锺叔河八〇至九九这二十年间所作文章的选抄,承好意被列入《文艺湘军百家文库方阵·散文方阵》。而作者本怯于'投军'，插在'方阵'中有点怕跟不上队，于是把留着送人的几本书换成了这个封面。取名'偶然'，是因为写文章本出偶然，印成一本更是由于偶然；恰好最末一篇的题目也是《偶然》，所以便叫它《偶然集》。"

那本"前《偶然集》"只出做了几十本，完全用于送朋友，很快就送完了。这是一本没有书号、没有定价、没有上市，也没有进入国家图书目录的书。

凤凰版的《偶然集》出版大约半年后，我去长沙拜访念楼主人锺叔河先生，记得那天我带了一本册页请锺先生题字留念。锺先生说他家里没有毛笔，待他想想办法找一支，让我第二天再去取，于是我把册页留在他那里后告辞了。

第二天，我如约在锺先生家取到了他已写好的几个字："偶然难得是书缘　为偶然集题赠董宁文先生　甲申孟春　锺叔河"。起首印为"风满楼"三字。锺先生说，好不容易找到了一支用来糊信封刷糨糊的秃毛笔，写得不好，留个纪念吧。这幅墨迹是我手头收藏的锺先生的第一幅字，恕我孤陋寡闻，这也是我所见到的锺先生的第一幅用毛笔书写的墨迹。

后来十余年间，锺先生应我之请，陆续又写过一些字，我很喜欢锺先生的字，时常拿出来欣赏，但那第一幅字我觉得更有偶然性，也更有意义，不知读者诸君以为然否？

二〇一三年三月十五日于卧龙湖书院

（原载二〇一五年三月十一日《收藏快报》）

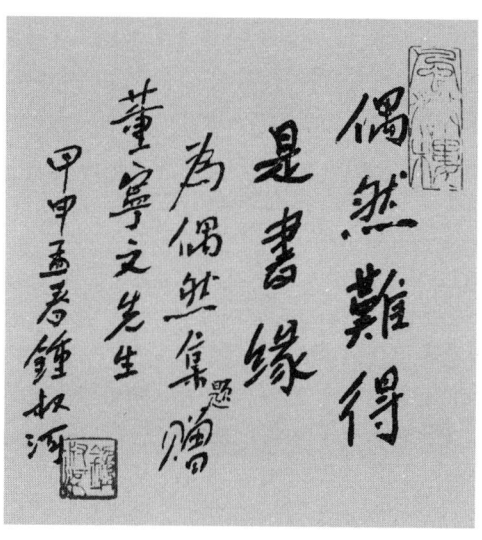

锺叔河题赠董宁文墨迹

《西窗看花漫笔》编后记

李文俊先生的这本《西窗看花漫笔》编好已经有好些年了。当然，此后他又陆续补充了一些新写的篇什，包括最近为他的老友傅惟慈先生去世所写的悼文。可以说，这本书是一本饱含文俊先生情感与温度的随笔集。而且文俊先生对这本他眼中的小书非常看重。照理说，文俊先生这位大翻译家在数十年的著译生涯中已出版了很多译著，似乎多一本或少一本并不是那么重要了，但从文俊先生与我商议出版这本书稿至今的大半年之中，文俊先生不止三五次地通过电话、邮件等渠道探问此书的进展，每每都会说这本书是他最后一本书这个意思，文俊先生对这本书的看重与期许都已尽在其中了。我想读到这本书的朋友或许都能读出一些滋味来吧。

我与文俊先生相识差不多有二十年了吧，现在倒一时想不起来是怎么认识或在什么情况下认识的，不过总逃不出当年是因为敬仰先生或是向先生约稿而拜识的吧。但我可以肯定的是后来与文俊先生越来越亲近起来。每次去北京出差，总会去他潘家园附近的寓所拜访闲聊，每次文俊先生与夫人张佩芬老师也总会请我到他家附近的餐馆吃饭。每次闲聊时，文俊先生都会给我欣赏他从潘家园淘来的各种古玩杂件

李文俊题赠董宁文新书

或者文人墨迹，且总是如数家珍，兴致勃勃。文俊先生对于这些物件的真假并不是很在意，只是乐在淘宝的感觉或者说过程中吧。记得我还陪他去潘家园转过一两次，感觉也挺不错的。

这些年里，文俊先生给我所编的小刊物或图书赐稿有不少篇，真正的有求必应。我从心里感谢他，只是说不出多少华丽的辞藻来，这也难怪，小子才疏学浅，希望来日能有所长进。

这本书稿收入的三四十篇文章虽然不是很多，经与文俊先生与本书的责编杨凯兄商议，只将文章按所涉及的相关的人和事归拢成三类，由文俊先生取题，不妥之处还请读者诸君鉴谅。

前些天，文俊先生从北京打来电话，让我在书后面写几句话，说一下这书的一些相关情况，以记录这本书所承载的友情。我确实感到很忐忑，不知如何完成文俊先生交代的这件不太容易完成的任务，但为了不辜负先生的期望，也就勉强说了以上一些大白话。写到这里，突然想起多年前曾经写过一篇介绍文俊先生随笔集《妇女画廊》的短文，至今已有十一二年了，那里面也记录了我和文俊先生的一段书缘往事。

二〇一四年四月二十七日于南京三牌楼

（原载《西窗看花漫笔》，李文俊著，上海辞书出版社，二〇一四年八月版，"开卷书坊"第四辑之一种）

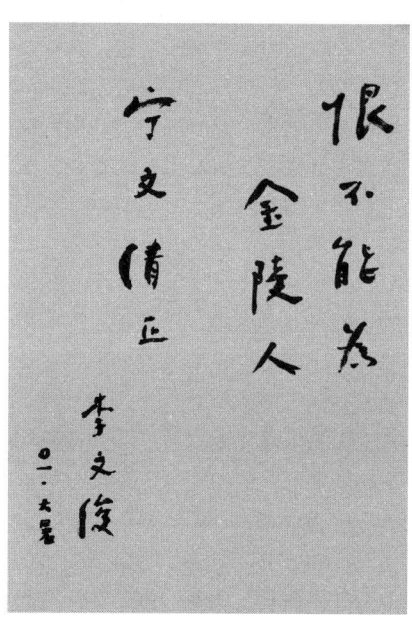

李文俊题赠董宁文墨迹

《开卷闲话序跋集》小引·跋

小 引

在十年前的二〇〇三年十月,《开卷闲话》能在凤凰出版社出成一本书,是很多人意想不到的事情,当然,在我准备将其成书之前也是没有想到的。再往前,也就是十五年前,当《开卷》创刊时,金陵书香部落的几位师友就创意在这本只有一个印张的读书刊物中设立"开有益斋闲话"这个专栏,不承想到的是这个专栏以每期一篇的形式,不紧不慢地一直写到了今天,真是一件令人无法想象的事情。当初,这个专栏是《开卷》诸编委集体写作的,后来就逐渐转由一个人写了,在此,要感谢曾经为这个专栏贡献过几则或者几十则闲话的师友们。

《开有益斋闲话》在首次结集时用了更加简洁一些的《开卷闲话》这个书名,再后来,《开卷》中的专栏名也干脆改为《开卷闲话》了。也是在《开卷闲话》准备印出前,想到了闲话这个形式不就是一些爱书人的把酒闲话、品茗闲话、围炉闲话吗?于是就想到请几位《开卷》的作者为这本闲书写序以增添闲趣之意,于是就有了成书时的五篇序跋文字。

还有一个不承想到的,就是《开卷闲话》竟然能够一而再、再而三地出到七编，而且八编也在编辑之中，预计今年八月前后就会在上海书展亮相，当然还是以小精装的形式由上海辞书出版社出版。

按照当初的设想，每本新的闲话出书前，都会请三五位师友写上一篇小序，前不久突然发现这些序已然有了三四十篇之多，就想着将其结为一本序跋集，也是很有意思的事情。这些序的作者年龄差距不小，年长者都是八九十岁的耄耋老人，年轻的才只有三十多岁。其中有些作序者已走进历史的深处，往往读文思人，颇有沧桑之感。

闲话的妙处就不多说了，大家在这些序跋中或许能够读出一些滋味来。

去年去上海看望百岁老人，也是《开卷》多年来的老作者周退密先生时，曾试探着请周退老是否能为这本序跋集写一篇短序。周老说年纪太大，身体状况也不如从前了，就为这本书写个书名吧。说写就写，周老先找了一张窄窄的宣纸纸条，写下了"开卷闲话序跋集"七个字，因纸条太小了，七个字的布局不满意，于是又找了一张比前纸稍稍宽一些的纸条，重写了一次，这次周老才算满意，就落款并压上了"退密百岁"的白文印章。

从这本序跋集后面的几篇附录，也可窥见《开卷》及《开卷闲话》里面的一些故事，如果读者诸君能够从这本小书里发现一些可读之处，或者还能想着去找一些《开卷》或是《开卷闲话》去闲读，那就是一种书缘使然了。

二〇一四年三月二十七日子聪记于书房南窗，时窗外春风轻拂，鸟语花香。

跋

在这本序跋集与这套《问津文库·开卷闲书坊》即将面世前夕，想起还是应该写下一些编后感想或者说这几本书背后的一些闲话，或许喜欢这套书的朋友会有些兴趣也未可知。

这十余年来，"开卷"系列丛书从二〇〇三年的"开卷文丛"开始，陆陆续续还出版了"凤凰读书文丛""开卷读书文丛"以及目前出到第三辑的"开卷书坊"，已有七八十本了，也就是说至少已有这么多的作者在这个系列中助阵。当然，其间还有《我的书房》《我的书缘》《我的笔名》《我的闲章》《我的开卷》等"我的系列"的陆续出版，这个系列的作者就更多了，估计至少也有两三百位之多了吧，从中确实能够感觉到"开卷"系列作者的阵容与趣味来。这些年来，一直想着在"开卷"系列中加入新的诸如"开卷闲书坊"以及"开卷书简文丛""开卷日记文丛"等系列丛书，以期使"开卷"系列更加丰满，于是这套"闲书坊"就是一个新的亮相。此次面世的六本书的内容、写法均不同，但都有一个"闲"字贯穿其中，不知读者诸君能否从中读出些"闲意"或"闲趣"来。若蒙大家错爱，我们这套闲书还会继续编下去，自然也真诚地希望得到大家的支持与关爱。

这几本闲书之所以能够在不太长的时间内顺利与读者见面，林薇为此付出的努力不可不提，我们在这个选题的沟通中，达成了非常多的共鸣与默契。周晨也为这本书的呈现形式动了不少脑筋。作为编者，我自然也是尽了力的，因为我觉得这套书非常有看头，相信大家都能从中找到自己的兴趣点与共鸣来。另外，这几本书都是作者酝酿或者写了多年而完成的，不能说是陈年老酒，但其中的韵味还是能够品味出来的。

在这套书的编辑、校阅过程中，汪成法、桑农、吴心海、浦雷、孙志洋诸兄都有所贡献，在此，谨致以深深的谢意。

甲午梅雨首日于南京东白菜园寓所灯下漫记

（原载《开卷闲话序跋集》，人民日报出版社，二〇一四年七月版，"问津文库·开卷书坊"之一种）

《开卷》十五岁,翩翩少年矣

《开卷》十五岁了,俨然翩翩少年矣。

一册小小的读书刊物《开卷》自二〇〇〇年四月在南京创刊以来,不知不觉中已走过了十五年的历程。回想创刊前后那段温馨而又充满书香意味的日子,着实令人回味绵长。那段时间,玉洗、止水、秋禾、子聪等五六位或七八位朋友常常在开有益斋碰头,筹划《开卷》创刊的设想、作者名单、刊物定位、稿件组织、活动开展等诸多话题。除此之外,也往往兴之所至,畅聊书人书事、读书感悟、淘书所获,或趣闻逸事,其乐也融融,其兴也勃勃。那个时候,几位年岁大都在中青年之盛年,精力也好,时常乘兴而来,尽兴而归。

十五年来,每月一期,不紧不慢,至今已出刊一百八十多期。二〇〇八年七月,从《开卷》创刊一百期中所刊文章中精选而成的《凤凰台上——〈开卷〉百期珍藏版》和两三百位作者所写有关《开卷》种种的文章组成的《我的开卷》两书由译林出版社出版。不久之后,分别在南京和北京召开了《开卷》创刊百期座谈会,学术界、文学界、艺术界的数十位知名专家学者与会,对《开卷》百期所做出的努力给予了中肯的评价,百余家纸质媒体及相关网络媒体予以了充分的报道，达到了较好的社会影响。在当年底揭晓的二〇〇八年度"中国最美的书"评选中，两书以其独特的文化内涵及装帧设计而获奖。

在《开卷》创刊十五周年之际，我们又编辑出版一套《〈开卷〉十五年精选》，将《开卷》历年所刊发的精粹之作呈现给广大读者，并以此对十五年历程做个小结。我们还在南京举办了"纸香墨润——当代学人墨迹展"，并召开了创刊十五周年座谈会。这，就是这本小小刊物的庆生方式。

十五年，《开卷》汇聚了国内数百位学术界、文学界、艺术界、出版界的知名专家、学者为刊物写稿，其中还因一百多位德高望重的文化老人的加盟而彰显《开卷》所特有的品质与品位，这些老人中既有王元化、流沙河、朱正、钱伯城、何满子、吴小如、黄裳、鲲西等学者，也有范用、王世襄、锺叔河、黄宗江、黄永玉等出版家、剧作家、画家，还有杨宪益、杨绛、绿原、屠岸、李文俊等翻译家以及谷林、朱健等文坛隐士。中坚则有董桥、陈子善、扬之水、止庵、王稼句、薛冰、徐雁、谢泳、伍立杨、龚明德、张放、徐鲁、唐吟方、张瑞田、许宏泉等数十位作者，还有严晓星、眉睫、朱航满、陆蓓容等青年才俊。《开卷》的作者涵盖面广、品位纯正。这些或许就是《开卷》之所以得到读书人喜爱的原因之一吧。

这些年来，《开卷》所走过的路虽然不是那么一帆风顺，但是，在那么多的热心作者、读者的关心、爱护、扶持下，还是没有一刻停歇地走过来了。记得在二〇〇八年《开卷》创刊百期的时候，九十岁的翻译家杨苡先生说："我欣赏《开卷》，它像是能放在衣服口袋里的一个小小的文艺沙龙。"她的这句评价很贴切、很传神，我很喜欢。在《开卷》创刊十五周年的喜庆日子里，《开卷》的微信公众号应运而生，我觉得这句话就更贴切了。《开卷》真的可以"放在口袋里"了，我们大家之间的距离更近了。

我有时觉得，《开卷》是一片土壤，《开卷》作者的文章就是这土壤上的花花草草,而读者的支持就像是浇灌。有了这浇灌,土壤才更肥沃,花草才更美好。

明天的路将如何走下去真的不是很明确,但是我们相信:《开卷》有这么多读者的支持和呵护,总还是会一步一步地向前迈进的。或许走得仍然不会太轻松,但总是会有希望的。我始终觉得明天会更加美好!

二〇一五年五月二十六日晚于开卷楼

(原载二〇一五年七月十七日《宝安日报》,又收入《问津四雅:问津·开卷·晶报·参差》,王振良、董宁文、张元卿、沈文冲编,天津古籍出版社,二〇一九年五月版)

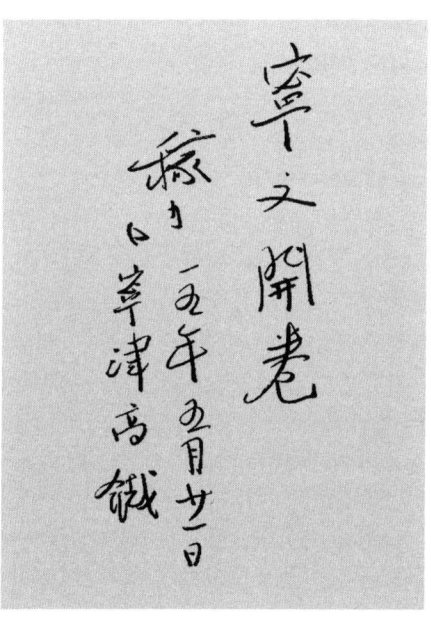

王稼句题赠董宁文墨迹

《退密文存》编后小记

去年十一月下旬,我去上海参加纪念巴金一百一十周年诞辰系列活动时,利用会议间隙,与韦泱兄相约去安亭草阁看望百岁开一的周退密先生。那天下午,周老精神很好,谈兴亦浓,自然也说到"开卷书坊"这套富有书卷气的丛书。周老说他也很喜欢这种小开本的书,读起来方便,也不累,不像现在流行的豪华的大开本,看起来精美,但却不方便阅读。于是,我提议明年的第四辑书坊给周老也出一本。周老当即表示非常感谢,只是谦虚地说他不会写文章,印出来会贻笑大方。我和韦泱兄都觉得可以为周老编这样一本小书,韦泱兄还说,他曾为周老打印过一些文稿,届时可帮着一道将这件事情做好。

那天也自然地谈到了《开卷》,说起明年就要进入十五个年头了,我说想编一套书纪念一下,同时,请周老写一篇短文谈谈他与《开卷》的故事。周老说,文章写不动了,我给你写一个书名吧。于是我把"《开卷》十五年"这几个字写给了周老。几天后,我就收到了周老的两次来信,他一共写了三张签条,其中一个书名只写了一半,可能他觉得不满意,又重写了一个。过了一天,又寄了一条新写的书名签条给我,可见周老的认真,同时也感觉到周老年事已高,不像早些年那样写字一挥而就了。

四五年前，周老在黄山书社印过一套三本近百万字的《周退密诗文集》，这十余年，每过一段时间，周老都会自印百余册《退密诗历》《退密楼五七言绝句》《捻须集》《九九牧歌》《退密词综》《退密楼七言律诗抄》《退密存稿》等小册子与友朋交流。因是自印，看到的人极少，所以这本《退密文存》还是有些看头的。

这次所收录的文章分成三个部分：第一部分是周老的自述以及回忆文章；第二部分为周老自印书的部分序跋文章；第三部分则是周老为友朋所作序跋以及近年所写的题跋，这些题跋颇为可观。我以为这些题跋文字是本书最耐品读的，不知读者诸君以为然否？

二〇一五年五月十四日于南京开卷楼晴窗

（原载《退密文存》，周退密著，上海辞书出版社，二〇一五年八月版，"开卷书坊"第四辑之一种）

周退密自题《退密文存》墨迹

《书脉人缘》编后漫记

十余年前,在南京出过一本《人缘与书缘》,也是我的第一本书,感谢徐雁老师的厚爱,接纳了这本原本很零散的文字,让它有了一次集中在一起接受书友们品评、指教的机缘。当时这本书印数不多,看到的人可能不是太多,后来逐渐忙于编《译林书评》和《开卷》两份东西,原先就不算多的文字写作量也慢慢地更加少了。一晃十多年过去了,这些年因为编了一些"开卷"系列丛书和其他的书,因而也积攒了一些编后记之类的文字。前年因某种机缘,徐老师给我起了《书脉人缘》这个书名,一看就与前一本书形成了呼应,而且也颇契合我这些年的一些经历,所以就自然地确定了下来。

书中所收三部分文字,除写书人书事的那些文字是以前收入《人缘与书缘》的文章外,其他的文字大都是未结集过的。主要考虑到这些内容基本印证了我这十余年所走过的些许足迹,对《开卷》以及《开卷闲话》有兴趣的书友可能会从中看出一些门道来,果真如此的话,那也是蛮有趣的一件事情了。

附录的两篇序跋文字原本是黄裳先生给《人缘与书缘》所写的序,黄宗江先生的那篇则是他为我早些年想出的《癖斯居读书记》所写，并且当时就请流沙河先生写好了书名，后来却没出成，所以一直有这个心愿，估计过些年总会有合适的机会印出的。

本书所在的"蓝阁文库·开卷书坊"是"开卷系列"与青岛出版社共同创意的一个独特品牌，想通过两三年的持续推进，逐步形成资源共享、优势互补的格局，相信通过作者、编者、读者与出版社的共同努力，一定都能达到预期的目标，让我们拭目以待吧。

本套丛书的书名原来就想请韩羽先生写的，后来考虑到韩羽先生已是八十开外的老人，而且手头的事情也不少，就忍着没去打扰，于是就想到了请徐为零兄题写。为零兄二话不说，三两天内就写好了。本书的设计师具体兄看后觉得不错，当即就用在了他的设计上。可是出版社的策划人员却还是采用原先请韩羽先生题写书名的最初方案。这样，我就硬着头皮给韩羽先生打了电话。韩羽先生前一段为他的新书忙得够呛，不久前还生病了。但韩羽先生也是二话不说，让我将十本书名在电话中一一说给他听，经两个人的反复核对，这事就算定了。我担心我的口音问题，又通过短信将书名发给了韩羽先生的老朋友闻章先生，这事到此算是万无一失了。在此，我只能对一老一少两位先生说声："太谢谢了！"为了保留这样一份书缘，我想将为零兄的墨迹也印在书中，不是更有趣味吗？

在编这本小书的过程中，正是《开卷》创刊十五周年庆生活动紧锣密鼓的准备阶段，看着往日那些编刊的日记，心中又勾起了一个老念头，就是何时也将《开卷》编刊十余年间的日记整理出来，与已出了八九本的《开卷闲话》相互参阅，或许能够折射出这十来年文坛学界的一鳞半爪，或者说从中可以读出书里书外的些许掌故也未可知。当然真的要实现这个愿望的话，着实不是一件轻而易举的事情，这个想法在此说出，或许也是一种新的希望吧。

前几年，扬之水陆续出版三卷《读书十年》的时候，我就产生了这个奇思妄想，记得还在扬之水送给我这套书后发过短信致谢，且谈及了这个有点开玩笑的想法，也记得她没有回复，私想着她肯定觉得是痴人说梦，不好说我什么好，所以也就不了了之了。记下以上这些，权当闲话吧。

这套书中的每一本书的内容、写法各有不同，但大都是作者多年打磨出来的心血之作，或许您不会对每一本书感兴趣，但一定能从每一本书中看到作者严谨的为文态度与对文字的敬畏之心。

感谢、感激、感恩，一切尽在不言中。

二〇一五年五月九日晚于南京南郊开卷楼

（原载《书脉人缘》，董宁文著，青岛出版社，二〇一九年一月版）

"困境"和"突围"的断想

我们现在所说的读书民刊,大抵是以十二年前在南京召开的首届民间自办刊物讨论会为肇始,其实真正意义上的民刊应该在国内还是比较多的,没有可能统计出具体的数量,几千种甚至上万种应该是有的。我们所了解的民刊,这些年在不断地创刊、休刊、停刊,也总有百余种之多吧。在天津召开的第十三届全国读书年会上,我们就又欣喜地看到新创刊的《参差》和《张掖阅读报》等。可是,现在能看到的连续出刊十年以上的民间读书报刊,或许也就那么有限的几种,这或许可以从中体会到民刊发展的困境了。

说到突围,确实是一件紧迫的事情。民刊的办刊人以及作者都是喜欢读书、爱书之人,他们对书的感情可谓情有独钟。大多数都将读书视为日常生活中一件不可或缺的事情。"突围"二字听起来有点悲壮,我想读书本来就是修身养性、不求功利的纯个性化的事,没有必要强求都成绩斐然。具体说到办刊的思路,我觉得只要坚持自己的个性,有地方特色,不跟风,不媚俗,即使报刊的容量再小,也是具有其独特价值的。如果能坚持一种面目,或者一种格调,只要踏踏实实地持续出个三五年,那它一定会得到许多读书人青睐的。如若这样,我觉得"突围"也就不用再做讨论了,因为这份刊物业已走在柳暗花明的道路上了。

从我的观察看,目下有几家刊物在编好内容的同时,还充分利用刊物的社会资源与影响力,适时开展读书交流活动,编印一些衍生的刊物及书籍,这个事实证明,它们已走出或正在走出困境,突围对它们而言,似乎也不是需要讨论的问题了。

二〇一五年六月七日于南京开卷楼

(原载《问津书韵——第十三届全国读书年会文集》,王振良主编,天津古籍出版社,二〇一六年六月版)

蔡玉洗先生以及《开卷》

今年五月份,在天津参加第十三届全国读书年会之前,我还有幸出席了天津市新闻出版局与今晚报社主办的中国阅读推广高峰论坛。一道参加此次论坛的,有好几位从江苏和上海来的熟悉师友,都是全民阅读的积极倡导者与推动者:徐雁先生是中国阅读学研究会会长,南京大学教授,江苏首届读书节书香形象大使;陈子善先生是华东师范大学教授、博士生导师,著名的现代文学史料学专家;王稼句先生是著名学者,苏州地方文化研究专家;薛冰先生是藏书家、作家,南京地方文化研究专家;蔡玉洗先生是资深出版人,曾任江苏文艺出版社社长、译林出版社社长及凤凰台饭店总经理等。

我在论坛的发言中,着重介绍了蔡玉洗先生这位资深出版人在主持凤凰出版传媒集团旗下的凤凰台饭店十年中,以书文化为纽带,精心打造"文化凤凰台"的情况,得到与会专家学者以及领导同志的肯定,并引起大家浓厚兴趣。蔡玉洗先生十多年前所做的一系列文化建设工作,不就是全民阅读推广的一个实实在在的案例吗?

蔡玉洗先生是江苏出版界新时期以来比较有魄力与影响的社长,无论是在江苏文艺出版社,还是在译林出版社,都做出了不俗的业绩,出版了很多有影响有价值的好书。二十世纪九十年代末，他因工作需要出任凤凰台饭店总经理。作为凤凰出版传媒集团管理的饭店，蔡玉洗先生上任不久，就筹划将出版文化资源引入饭店的品牌建设。经过近两年调研，他终于把文化情怀与出版情结成功转移到饭店的经营管理之中，这才有了后来的著名民刊《开卷》。

将阅读引进饭店，把出版文化资源嫁接到饭店，从而与其他经营性酒店拉开距离，使文化成为经营的引领。二〇〇〇年初，蔡先生将饭店五楼两千平方米的地方拿出来，设立了书吧、美术馆、茶馆、英语沙龙等，并在书吧内成立凤凰读书俱乐部，作为俱乐部会刊的读书杂志《开卷》，就在那年的四月创刊了。

凤凰台饭店的一系列文化举措，旋即在业内以及文化、出版领域引起较大反响。从那以后，凡是入住饭店的客人，除了可以在饭店五楼享受文化服务之外，还可随时取阅客房书架上他们有兴趣阅读的书刊。"文化凤凰台"几个字，有些年在南京竟成为开风气之先的热词，国内许多文化人以及其他各界人士，到南京都提出入住凤凰台饭店并一探究竟。于光远、黄宗江、李默然、马季、姜昆、张艺谋、敬一丹等，都曾莅临饭店并感受那里的阅读文化氛围。

在一系列的文化品牌探索深化过程中，那本不起眼的素面朝天的读书刊物《开卷》，起到了不可小觑的作用。这本刊物创刊至今已持续出刊一百八十多期，国内文学界、学术界、艺术界、教育界、科学界的数百位知名专家学者都为其撰过稿，读者更是遍及国内各地，遥远的美国、新西兰、澳大利亚等国也有对此刊物感兴趣的读者。

凤凰台饭店打造的"开卷"文化现象，其实就是全民阅读的一个小小侧面。从中我们不难看出，只要是有文化价值、有文化传承的优秀东西，就会有读者喜欢而且爱读，并从中得到教益与启发。在当下全民阅读推广的进程中，回想蔡先生十余年前的一些想法和做法以及所取得的成效，真的值得我们思考和借鉴。不妨设想一下，那时候他拿出两千平方米的经营面积来搞阅读推广，实际上也是冒着很大风险的——饭店是有经营指标的，如果那些面积都改造成客房或餐厅，也许会取得更好的经济收益。但是反过来想想，也是因为文化情怀的注入，使得凤凰台饭店在社会上产生了很大影响，从而带动了经济效益的不断提升，这从凤凰台饭店后来管理的多家连锁饭店的业绩上即可窥知一斑。

《开卷》这本被媒体称为"小小《开卷》，做出大家文章"的杂志，除了高端的作者阵容之外，优秀的编辑团队以及编委团队，也是其价值得以彰显的一个重要原因所在。出席这次中国阅读推广高峰论坛的徐雁、薛冰，就都是《开卷》的实力派编委，王稼句和陈子善两位先生则是外地编委，仅就这个编委阵容就不难看出《开卷》十五年来的成绩与影响。

通过编辑《开卷》这本杂志，十五年来，总觉得阅读存在于每个人的生活之中。或者这样说，就是几乎在所有的领域里，都是有很多读书人的。我们经常可以接到各种层面的读者的电话或者信件，索阅这本读书小杂志或者购买有关图书。我想，阅读的传统不会轻易丢失，传统的文脉也不会中断。至于说到阅读受互联网影响这个问题，理性地说这是大势所趋，不可避免，但是坚持传统纸质阅读的人还是非常多，这个确实不需要太担心。

像《开卷》这样的民刊，在国内还是非常多的，爱阅读的民间力量是绵长的，这些民间阅读种子的作用则是潜移默化、润物无声的，甚或有着滴水穿石的作用。蔡玉洗先生作为《开卷》的主编，在这本小小读书刊物的成长过程中，起到了不可或缺的积极推动作用。现在他虽然已退休多年，但其出版生涯中办的两个杂志——《东方纪事》和《开卷》，在中国文化界都产生了深远的影响。而且两本杂志一个官一个民，一大一小，特别有意思。

（原载《问津书韵——第十三届全国读书年会文集》，王振良主编，天津古籍出版社，二〇一六年六月版）

蔡玉洗在"纸香墨润——当代学人墨迹展"上留影 周建新 摄

《宁文写意》编后漫记

多年前画画的时候不会想到二三十年后会有这样一本书呈现在大家的面前,由此倒使我想到那句"一分耕耘,一分收获"的老话,当然我这里所说的"收获"还包含这本书中浓浓的友情和鼓励在里面,我想,书中所收入的这些文章就是我这些年来最为温暖的收获。

其实有这本书的想法是在今年春天的时候才突然萌发的,后来五月份与薛冰、蔡玉洗、陈子善、王稼句、徐雁等五位先生在南京召开的《开卷》创刊十五周年活动结束,一道乘高铁结伴去天津参加第十三届全国读书年会,在高铁上,我随身带上了薄薄的《宁文写意》打样本,请诸位老友翻阅时才逐渐明确了要做这样一本书的想法。

第一篇写来文章的是山东莒县的祁白水兄,后来我想到的,或者没想到的新朋老友都陆续写来了文章加入这次纸上相聚的风雅之中。说实话,我的这些墨戏之作并无甚可观,只是给大家提供了一个表达各自对文人字画这个话题的言说由头而已。传统文人间的交流、唱和,或者雅集,大多离不了琴棋书画、作文吟咏的范畴。古代文人的日常生活对于我们来说该是一种何等可望而不可即的境界。生活在当下的人们已适应了快节奏的生活,书画寄情、看书冥想似乎已成了一种奢望。

基于这样的一些想法，我有意无意地向各位传达了我的所思所想，也因此有了大家这些精彩且有见地的文字，想必读者诸君或许能够从中读出不少弦外之音吧。

上个月看到王为松的一篇读画文字，于是就发了一些画给他看，不曾想到为松兄当即就回了信给我，两天后就写来了《看〈宁文写意〉突然记起》一文，并附信道："说是看你的画，准备先说说自己小时候的事情，不意越说越长，收不住尾，其实正是你的画让我想起这些温暖的童年往事，我想这就是你的画的功用了。"看到文章后，使我非常感动，想不到因了这些画而引申出为松兄一段温暖的回忆，真的有点意外，而且也勾起了我自小喜欢胡涂乱画的些许回忆来了。又过了一段时间，周立民也因了《疏林夕照》这幅画而写下了一篇充满温情的美文。

确实如此，人生其实匆匆，能做一些自己喜欢做的事、愿意做的事确是幸福并且愉悦的。

我从小学开始不知怎么就喜欢写写画画，起初是随意涂画，后来逐渐有了学习画画的想法，后来对速写、素描、水彩、油画均有所接触。记得小时候，常常对着那册书名似乎为《文艺复兴时期名家素描》照猫画虎地临摹，记忆较深的有临摹过达·芬奇那幅著名的自画像，还有丢勒、米开朗基罗、德加等大师的素描人像，也临摹过王式廓以及赵望云等前辈的素描及速写作品。课堂上，与许多小学生一样喜欢在课本上涂涂画画。记得有一次临摹《小兵张嘎》连环画中那幅嘎子捞起鬼子落在水中的那把盒子炮时美滋滋的线描尤其得意，那幅画被美术老师打了优，至今还能体味到那时的兴奋劲来。

上面提到的一些临摹习作前些年还曾在一个纸袋中发现过，由此证明我的记忆还是有根据的。

十五六岁开始研习中国画，后来参加过几个学习班，那个时期社会上兴起过一阵学习书画的热潮，现在有一些坚持下来的人在南京画坛也有了一席之地，当然，对大多数人来说只是成了一种美好的回忆。前些天，偶然在一家旧书店看到一本人民美术出版社一九七八年十二月所出的《速写技法》，翻开一看，里面很多作品我都曾经临摹过，一阵亲近温暖之感油然而生。

二十岁前后，常常与另一位学画的好友奔走于一位个性独特的画家那里向他讨教，前后大约持续了数年之久。二十世纪八十年代中期，经朋友介绍，拜识了当时任《江苏画刊》编辑的张学成先生，此后几年在张老师那里学到很多东西，受益匪浅。张老师年轻时曾拜在新金陵画派重要成员之一的钱松岩门下，书法曾拜林散之为师，后又师法黄宾虹，画室名之为"虹岩居"亦可见其所寄托的情怀。张老师除精研各派画法之外，对书画理论也颇有研究与见地。只可惜天妒英才，还未及退休，或者说自己的山水画风格正在形成之际即因病远去天国……

学画之余，开始寻师访友。早期钟情于新金陵画派诸家，后对吴昌硕、黄宾虹、刘海粟、李可染、石鲁、陈子庄等产生了浓厚的兴趣。学画伊始，读过一些历代画论，也从临古入手，后游历过黄山、九华山、泰山、青城山、庐山、天柱山、雁荡山等，外师造化。其间亦寻访过黄宾虹、潘天寿、李苦禅、李可染等故居，想从这些地方获得些许气息。此后由于各种机缘，又与李剑晨、高马得、黄永玉、黄永厚、韩羽、华君武、丁聪、方成、刘二刚、罗邦泰、唐吟方、许宏泉等书画家有了较为长时间的交游，从中获益匪浅。早年在画作上常署"硕粟"之笔名，硕是吴昌硕，粟是刘海粟，当初尤喜二位的老辣与苍劲；硕为大，粟为小，这两字组合作为笔名却也意蕴无穷。

二十世纪八九十年代，参加过省内外及全国性的一些展览，并在南京、安徽等地办过小型的个展及联展。自二十世纪九十年代中期后因对文字的兴趣渐浓而转入写作以及稍后开始的编辑、出版工作，画画也就逐渐有所荒疏直至停止，但对画坛、画家的关注却一直未曾减弱，更与一些书画家交往颇深。自去年开始又有重拾画笔、再耕砚田之念想。还有一点就是年至半百，心性自然而然有沉潜于书画之意。

起意编一本书，邀请一些师友写些读画文字，与这些画成为一本闲书，也有想引起文人书画这种传统得到发扬之意。目下的书画沾染的气息已与传统文人之间的那种气象大相径庭，所谓秀才人情纸半张，情趣、襟怀尽在其中矣。

这本小书收入的四五十位学术界、文学界、书画界、出版界的前辈及师友所写的性情文字，都从各自不同的视角涉及文人书画这个有趣的话题，不论他们从事何种专业，取得多少成就，但有一个共同之处——都是文人！文人对文人寄情书画的理解与情怀都是有许多共鸣的，无论他们本人是否有写字画画的雅兴，但对于传统文人书画都是有着或多或少的兴趣的。本书还请周退密、高莽、屠岸、韩羽、扬之水、罗邦泰、徐为零等先生分别题写了书名，为这本闲书更增添了文气与清气。周老退密先生今年已是一百零一岁的人瑞了，真正的人书俱老。徐为零兄在几位中年纪最轻，但已年近半百，所谓"少长咸集"是也。王欲祥、杨鑫兄等老友为这本书的完美呈现花费了不少心思，做出了很多努力。在此，一并向各位致以诚挚的谢意。

二〇一五年十二月十九日晚记于卧龙湖畔之开卷楼灯下

（原载《宁文写意》，董宁文等著，安徽教育出版社，二〇一六年十二月版）

看《悦读》，忆故人

我是在范泓兄的微信上看到钰泉先生去世的消息的，那已是先生走了五日之后，当时感到非常的震惊！当即在微信上转发了这个不幸的噩耗。不久前看到吴中杰先生的纪念文章，他是从我的微信中才知道的。后来郑雷兄也是在他打电话给我谈其他事时我告诉他的，我本以为他已知道了，不承想他并不知晓。当听到这个消息时，郑雷兄不敢相信我的话，连连说这怎么可能？由此可见当时知道的人并不是太多。

已记不清何时与钰泉先生认识的了，但至今二十年应该是有的了。与大多数师友一样，我们的结识总是因《文汇读书周报》这座桥梁吧。这份在几代读书人眼中非常纯粹、非常亲近的读书周报一直是自费常年订阅的，只是到了不能订阅的去年而被迫中止了。严格说来，其实对读书周报的钟爱还是以钰泉先生任职时为最，后来却是惯性使然了。

一九九五年春夏时节，时任译林出版社社长的蔡玉洗先生想在译林社办一份《译林书评》，当时的想法很明确，我们眼前的标杆就是《文汇读书周报》。记得当时蔡社长说，我们的目标就是将《译林书评》办成国内读书人爱读的有关外国文学的书评报纸，将一流的外国文学作品介绍给读者，经过一些年的努力，成为一份与《文汇读书周报》并驾齐驱的侧重外国文学书评的报纸。当时我即着手具体操持这份四开小报，虽然这份《译林书评》从一九九六年上半年创办至今还在出着，但至今也没有达到当年的奋斗目标，由此可见，《文汇读书周报》的水平之高，影响之大以及它的不可逾越，这其中钰泉先生为之所付出的辛劳亦可窥知一二。

在编报初期，不少栏目就是直接借鉴读书周报的，比如我们在三四两个版上就辟有"书人茶话""书缘"以及"漫步译林"等专栏，也就是这几个专栏颇受读书人的青睐，还有不少作者都是读书周报的老作者，从某种意义上说，这两份报纸的气息还是颇为契合的，只是一个影响深远，一个步履蹒跚而已。

再后来，读书月刊《开卷》的创办，在气息上、作者以及读者诸方面就更加与读书周报相近了，虽然这只是我这个具体编辑人员的一点自说自话而已。

大约在二十世纪九十年代中期的某一年，我去上海出差，终于与钰泉先生电话联系好，在接近傍晚的时候如约到他的办公室去拜访。记得他的办公室非常拥挤，不过这也是一个报纸主编的常态或者意想之中的样子。那天具体谈了一些什么话题确实已没有什么印象，但有一个细节我至今仍然牢记于心，那就是他告诉我每天一大早他就会到办公室，一般都会到很晚很晚才回家。周而复始，如此这般已经习以为常了。当时我就深深地感觉到钰泉先生对这份报纸倾注了那么多心血与辛劳，钦佩之情油然而生。

这次见面的时间不长，看到他忙忙碌碌的身影确实不敢多加打扰，只能匆匆告辞。这次见面虽说是第一次，其实也是最后一次。自此以后，我们的联系一直保持着。

记得我第一篇刊发在读书周报上的稿子是一九九七年三月十五日头版下方的"人物专访"栏目上的《书山有路——记徐雁》，如果我记忆无误的话，这篇稿子就是我们见面时钰泉先生所约。那年，刚刚三十出头的徐雁先生已发表有关藏书史和江南文化,以及书评书话文章数十万字,出版了颇具影响的《秋禾书话》以及参与主编的《中国读书大辞典》等十余部,在读书界产生了不小的影响。似乎记得钰泉先生说他们报纸还没有介绍过徐雁先生,于是不久就有了这篇短文。后来也还陆续在周报上刊登过数篇短文,虽然数量不多,但确确实实更拉近了与读书周报的距离。

其实从先生退休之后,我们的联系似乎比他在周报时更多了。二〇〇三年一月,钰泉先生署名"阿昌"主编的《悦读》在文汇出版社正式出版,当我接到这份刊物后,即在拙编《开卷》的"开有益斋闲话"专栏中予以了介绍,记得他在创刊号《编者的话》中写道:

读书乃人生一大乐事,忙忙碌碌的工作之余,非常匹配的旅游途中,夜阑人静的床头枕边,一书在手,仿佛面对良师挚友,进行有益的切磋交谈;又如置身古往今来的贤者中间,聆听他们富有睿智的言谈。书既能解颐排忧,愉悦身心;又可广纳知识,开阔视野。书是爱书者的精神天堂。读书翻书,其乐融融!

当前,生活节奏加快,出版物数量成倍翻番,读书时间越来越少,要享受读书之乐日见艰难。正由于此,《悦读》应运而生,它让您花最少的时间,获得尽可能多的出版信息,读到近段时期新书的精华。衷心希望它能成为广大读书人的新朋友、好朋友。

这几句编者的话,其实就是这本刊物的总体定位,而且一直贯穿到钰泉先生去年所编定的第四十四辑,也就是他生前所编最后一本刊物之始终,而且不断将其设想与办刊理念升华,从而得到了读书人的高度肯定。前几年在北京召开的《悦读》出版三十辑专家座谈会上大家的发言就是最好的答案。

我与许多熟悉的师友一样,这十余年来,一本一本逐期收到从南昌二十一世纪出版集团寄来的四十四本《悦读》，现在已在我的书架中排满了整整一大格，每每看到，总能让我想起钰泉先生忙碌、忘我工作的身影，也总能给我以鼓舞，因为我平时也在做着日复一日地编辑工作，钰泉先生的身影对我而言就是一种无形的鼓励与鞭策，这点也就是使我深信不疑的不断前行的动力所在！

还有一点有关《悦读》的小故事在此也说一下。南京有一位今年已九十七岁高龄的老作者、翻译家杨苡先生，她既是《悦读》的作者，也是一位热情的读者，每次看到《悦读》上的好文章，她都会向到家里看望她的小友们推荐，甚至常常会将某一期借出去，但往往过了一段时间，她就会在向其他小友推荐时发现找不到那期刊物了。那个时候她就会非常着急。也就自然而然给我打电话，让我帮她去补买。记得在南京大众书局补买到她所缺的两三期。还有一次，我一路探寻到大众书局在南京长江边上的库房，好不容易找了几个小时才摸上门，可是库房中午休息。足足等了两个小时才上班。不过问了库房的前台，又问了相关人员后得知库房一本也没有，最后只能失望地打道回府。后来灵机一动，还是通过出版社的发行部门最终补齐了杨苡先生所缺的那几期，总算完成了老人的心愿。

我与钰泉先生最后一次联系是在去年三四月间，那段时间我在筹备《开卷》创刊十五周年的纪念活动，想请钰泉先生偷闲到南京来，与北京来参会的陈四益、王学泰、蓝英年等他的老朋友聚一聚，叙叙旧。钰泉先生当时表态说如果届时有空，很想来与老朋友见见面。后来临近开会时，他说最近身体有点问题，恐怕来不了了。于是我就请他好好休息，以后找机会再聚。钰泉先生表示非常抱歉。

以上就是我与钰泉先生一些交往的琐事，没有轰轰烈烈的大场景，没有非常重要的事情，也就是平平淡淡的交往，琐琐碎碎的小事，但我回想起来，却感到非常温暖。钰泉先生一生为书辛苦为书忙，他确实太累、太累了。

谨以这篇短文表达我对钰泉先生的敬意和哀思,愿钰泉先生在另一个世界继续过"书是爱书者的精神天堂"他所钟爱的书式生活吧!

二〇一六年立春于金陵开卷楼灯下

(原载《天下最好的主编——褚钰泉先生纪念文集》,二十一世纪出版社,二〇一六年四月版)

天地原是好家乡
——《旧风旧雨》序三

我与靳飞兄的第一次见面是在一九九八年八月初的一天上午,那天我如约前往他指定的湖广会馆,初次见面即很投机,你一言,我一语,当然基本都是听他说话。其时靳飞兄大约也才三十出头吧,但所谈及的人和事大多是京城文化界的老先生,我对其中的不少老先生也比较熟悉,这样一来,大有相见恨晚之感!

这次的见面,起因是张中行先生的指引。记得是与靳飞兄见面的前几日,我去拜访行公,聆教之后,行公说,你以后如果想要找我,或者想要知道一些我的近况,可找靳飞和庞旸两位即可。并在一张小纸片儿上写下了两位的名字,并告诉了二位的电话给我。记得那天应我之请,行公在我所带的一本小册页上写下了一页手迹以为纪念:

知之为知之不知为不知是知也

戊寅六月　张中行

从此以后,我与靳飞兄始终保持着不紧不慢的联系,因为他一直比较忙碌,但是我们对彼此的近况也都是比较关注的。

回过头来再说下那天见面的情况,虽然至今已有十八年的时间,但是所谈及的一些事情仍然记忆犹新。

书中提及的由靳飞兄在湖广会馆为季羡林先生米寿策划的那场堂会的场景令人心驰神往,那是空前绝后的一次活动,只是最终没有达到预期而令人更增加了遐想的空间。那次堂会,我的老朋友范笑我因公务去京,正巧赶上,也值得一记。

那天我们还商量好一同去医院看望萧乾先生,所有的细节都已谈妥,只是到了约定的那一天早上,靳飞兄突然来电话,说是文洁若先生表示暂时不宜去而未成行,也因此错过了与萧乾先生晤面的机缘。后来,我与文洁若先生交往颇多,在萧乾先生去世后也曾去过他们家几次,但也只能看到原封未动的萧乾先生书房的模样,看到墙上很多大大小小萧乾先生的彩色照片。有一次,文洁若先生还告诉我萧乾先生的骨灰也存放在家里的情形。

虽然无缘见到萧乾先生,但我还是因文洁若先生的热心帮助而藏有他们夫妇二人的十本签名本,萧乾先生的签名本是他生前所签,细心的文洁若先生还在每本书上钤上了二位的印章,这也是值得纪念的书缘吧。

现在手头正看着靳飞兄给我写的一张镶着金边的日本镜片,上面写了两句话:平生若无功名累,天地原是好家乡。这张镜片写好,他手边没有带印章来,只好压上了一方"北京湖广会馆"的方形印章,记得靳飞兄当说,这样也不错,正好记下我们在湖广会馆的见面。

几年后,我们在北京朝阳区文化馆举办的第三届全国民间读书年会上再次见面,再后来,他几乎每年都会到南京来一两次,我们在凤凰台饭店的开有益斋以及他来南京必住的古南都饭店多次见面闲聊,我还介绍了南京的几位书友与他见面闲聊。最近四五年,靳飞兄似乎更加忙碌了,好在去年我们因他研究梅兰芳《贵妃醉酒》的专著《梅氏醉酒宝笈》一书的出版事宜再次联系上,后因故未在我手里出成,而由现代出版社出版了。后来，靳飞兄觉得过意不去，说他手里还有一本《旧风旧雨》似乎更适合我们"开卷"系列，也就因此有了我们现在看到的这本书。

书中三四十篇文章都不太长，但涉及的文坛、学界以及戏剧影视界的人却不少，一一读来，似又听到靳飞兄娓娓道来，深感亲切。这其中的妙处自不待言，还是请读者诸君细细品味吧。

书中新加的几篇有关梅葆玖先生的文章寄托了靳飞兄与玖爷多年来的交往以及深情。记得四月初的一天晚上，靳飞兄从北京打来一个长长的电话，我们彼此畅聊了一番，其中谈及玖爷的病情不容乐观，大家心情都很沉郁，二十多天后，梅葆玖先生即仙逝。

一个月前，靳飞兄命我在书前也写一篇序，我本想此书已有两篇妙序，如果我再写一篇一定会有累赘之憾，但转念一想，写一点我与靳飞兄过往的实录，或许也无不可，故此写下以上的一些闲话，以记录一二我与靳飞兄的书缘往事吧。

丙申五月初四于金陵开卷楼南窗

（《旧风旧雨》，靳飞著，湖南大学出版社，二〇一七年八月版，"开卷随笔文丛"之一种）

知之为知之不知为不知是知也

戊寅六月 张中行

张中行墨迹

《开卷闲话十编》后记

"开卷闲话"能出到十编,是我十多年前突发奇想印第一本闲话时所不曾想到的,或者说也不可能想的事,但真到了第十本的时候,还是有点恍惚,虽然前面的路走得还算稳健,真正到了今天这样的状况,还是有点梦幻之感。

前段时间,我在与好几位朋友谈到十编后如何再继续下去的问题时,各人有各人的意见,有的说"你的闲话一直是每期写,过几年集一本,好像不存在怎么延续的问题呀"?有的说,"如果《开卷》还在继续编,闲话当然会再写下去,闲话也就自然可以一本一本地出下去"。我确实有点疑惑,十编是一个圆满的节点,如果继续出下去,似乎也没什么大问题,只要有出版社愿意出就可以,但是如果沿用十一编、十二编……是否有点不太自然,或者说,有点怪异?真的有点纠结。想来想去,也想不出一个能够使自己信服的答案,或者暂且放下,等等再说,顺其自然,或许问题就迎刃而解了。

书前按写作时间顺序,分别是谢泳、王振良、韦明铧、蔡玉洗和范笑我五位先生所作之序,振良兄序的题目原为《文化生态的真实记录》,笑我兄的题目是《我的朋友董宁文》,为了统一,就全部改成现在姓名后加序这种形式了。

这次还约请了杨苡老师、郑雷兄各写一篇序。杨老师今年已是九十七岁高龄,我自然不会去催稿,看看最近是否有可能接到她的电话,说是写了几句让我去她家取,甚至会在电话里将她写好的念给我听,问我这样写是否可以,不行就不要用了。这虽然是我的预想,但我去年请她为《开卷》十五年写几句话时就是如此这般的。还因为我与杨老师交往较多,每年都会去她那闲聊一二十次,所以对她的一些做法还是有些感觉的。其实是否写来倒在其次,但杨老师对《开卷》是一直有兴趣的,也喜欢读读闲话。

蔡玉洗先生是《开卷》的创办者,平时我一直称他蔡总,也就是创刊时他在凤凰台饭店任总经理。此前曾任江苏文艺出版社社长、译林出版社社长等。我们二十余年的交往他在序中已写出来了,在此不再重复。蔡总对我有知遇之恩,我跟他在一起与"金陵书香部落"诸师友一道做了不少文化传承的小事,在我来说,对蔡总,对师友们是常怀感恩之情的。古人云,"滴水之恩"所谓是也。

笑我兄与《开卷》,与我都有着二十余年的友情,这里面自然有互相的支持、理解和无私的帮助在其中,我想,对于熟悉《秀洲书局简讯》和《开卷》的师友大约都会有较深的感悟吧。笑我是一位文化情怀浓郁的学人,二十余年来在自己的天地里不懈地耕耘着,得到了喜欢他的读书人的青睐。他在这篇文章中说出了我们交往的点滴,有许多东西还隐藏在他数百万字的博客之中,但我看到这些点滴的往事时,着实有些吃惊,因为不少细节我大多已不复记忆,但他却一一记录在此。这些温馨的回忆也时时提醒我要不断地努力,认认真真地对待自己的笔墨,以最大的努力不负师友殷切期望。

振良兄是一位勤勉且有见地的学者,这些年来在天津地方文化的挖掘、整理以及团结天津相关研究者的工作上都付出了大量的心血,取得了可观的成就。他目前是天津问津书院的掌门人，前几年因来新夏先生的鼎力推动，使我们有了深层次的合作，并且共同做了一些有益的事情，这些或许以后有机会再专门回顾一二。

韦明铧先生和谢泳先生都是《开卷》的老作者，多年来对刊物的关心、爱护在他们的文章中即可体会一二。二位在各自的专业与研究领域都有着深远的影响，并且都是治学严谨、著作等身的学者。与二位平时见面的机会并不多，巧的是去年分别在南京和厦门又再次得晤二位，相处的时间虽不长，但短暂的聆教却也受益匪浅。

去年，《开卷》创刊十五周年前夕，曾约请了百余位《开卷》的作者撰文以贺，后在北方文艺出版社宋玉成社长的大力支持下，出版了一套五本十五年精选，其中《纸香墨润》一书收入了师友们的贺文，但非常抱歉的是，去年底在无意间查看邮件时，意外地发现张瑞田兄的贺文《带着思考走路》遗漏而未收入到《纸香墨润》中，而瑞田兄所赐"惟有山茶偏耐久　绿丛又放数枝红——陆游句书奉开卷　乙未初十二百札馆主人张瑞田"墨迹确是收录在其中的。当时，说实话，着实怔惊莫名，不知如何是好，也不敢向瑞田兄请罪，正好有这次弥补的机会，所以郑重地将瑞田的文章重刊于此，以求瑞田兄的谅解。

本辑的书名请了书道妙手、万千莲花斋主人乐泉先生题写，书法的妙处自不必说，恰好他这个月的十七日将在北京中国美术馆举行"白云无门——乐泉书道水墨展"，在繁重的筹备工作之余，乐泉先生说他会认真对待，不几日，他就写好，并在所题八本书名后附言："生拙之味，未必合君意。望用之，不会俗耳。"

还有不少话想说，但又不知从何说起，那就暂写这些吧。

谢谢《开卷》所有的作者、读者十六年来给予我的厚爱与支持，真心希望与大家一道继续向前走一段，至于能走到哪里，那就一切随缘吧。

丙申清明春雨霏霏中落笔，第二天雨住且春光和煦之午后驻笔，时在金陵南郊开卷楼窗前。

补记：

"开卷书坊"从二〇一一年七月出版至今，五年之间，以一年一辑的节奏，到今年已出到第五辑，确实是一件非常有意义的事情。这里面除了作者、读者的大力支持外，出版社的眼光与魄力也是毫无疑问的。五年的时间虽然不长，但也不算短了，因为五年中，第一辑中的鲲西、宋词，还有第二辑中的来新夏三位先生先后成为了古人，再有第三辑中的吴奔星、第四辑中的汤炳正两位仙逝多年之后由其后人所编的两本集子，可以想见这五套书的价值与分量。

第五辑是一个小结，也是一个新的起点，为了持续将这个丛书做好，一辑又一辑地做下去，确实要不断调整思路，作为策划者，也确实需要更多地从读者、作者以及出版社各个方面去考虑问题，如何将一个好的品牌维护好、发展好，以期让更多的好书不断地加入进来，这确实是一个值得不断思考并且不断设法去解决与完善的问题。

基于以上的一些思考，第五辑在书装设计、版式以及装订形式上都做了一些改变，或者说进行了全新的尝试，这里面自然融合了出版社、作者以及读者三个方面的意见，希望这个改变能够给人以眼前一亮的感觉，如若这样，我们的努力与辛劳就没有白费，自然也会让我们感到欣慰。

也正是因为这次改变，前四辑的设计师，也是目前书籍装帧设计界的中坚朱赢椿兄暂时歇手，他此前的设计给这套小精装所营造的气息得到了书友们的普遍认可与喜爱，希望这次的改变能够使这种气息更上一层楼！也因为这次改变，乐泉先生为本辑八本书所题书名也没能够用上，我想，乐泉先生当会理解我们的。特别将这两页题签的墨迹附于此，以留下这套书的一段书缘故事。

谢谢朱赢椿、乐泉两位先生。

二〇一六年六月二十三日午间记于开卷楼,时窗外阳光灿烂且热浪滚滚,室内则一片清凉。

(原载《开卷闲话十编》,子聪著,上海辞书出版社,二〇一六年八月版,"开卷书坊"第五辑之一种)

《〈开卷〉二〇〇期》序跋

总 序

一本纯粹的、书卷气浓郁的读书刊物，自十七年前在南京创刊，到今年十一月份为止，已经以每月一期的形式出刊印行到两百期，接下来应该还会向着三百期继续前行。十七卷，两百期，六百余万字，这三个简单的数字背后，其实涵盖了几百位作者、十数万读者的辛勤付出、精心养护、无私奉献、惺惺相惜、乐此不疲、悦读怡情等情感在其中。作为编者的我，是深深地感受到幸福与感恩之情的。

在过去的岁月中，朴素无华到只有一个印张的小册子，得到了那么多读书人的青睐、扶持、鼓励，并且日益形成一种"开卷场"或者所谓的"开卷派"，真的觉得"小的是美好的"确实是美好的。这些在本书《年谱》卷中，读者想能领略到一二。

我们以这样的形式纪念出刊两百期，或许是最契合《开卷》所特有的气质吧，自然读者诸君也会有各自的感悟。

本书分为《序跋》（董宁文编）、《人物》（周建新、董宁文编）、《年谱》（董国和编）、《总目》（董宁文编）四卷，每卷均有编后记说明该卷编辑缘由。另外，本书得到天津市问津书院及"问津文库"主编王振良的大力支持,并列入文库"随艺生活第三种",这在文库已出版的几十种书中,应该是一个全新的面目,希望《开卷》的老读者和初次见到这书的朋友,能够找到眼前一亮的感觉!

感谢所有《开卷》的作者以及读者朋友十几年来的风雨同行,正如人们常常说的那样——风雨过后见彩虹!

二〇一六年十一月十九日于南京开卷楼

《序跋》编后记

《开卷》两百期时编一套书的想法大约是在今年春节前后,其实再早的起因是几年前董国和先生花费了很长时间所作的《〈开卷〉年谱》,后来也曾想着将其出版,只是一直没有找到合适的机会。就这样,一晃几年过去了,到想做这套书开始,自然这本年谱也就顺理成章地成为这本书的一个重要组成部分了。本来,年谱的写法是有一定的程式的,几位朋友看过都认为是否可以改一下书名,确实,大家也都想了好几个书名,想来想去,并没有一个书名比现在的更好,所以最终还是以原来的书名面世,或许也是一种别样的年谱吧。

有关这部年谱的种种,董国和先生在书中已有交代,在此就不多说什么了,只是有一点,为了一本小小的读书刊物,国和先生居然整理并完成了这样一本十余万字的文本,确实令人感动,至少对喜欢《开卷》的书友来说,是一本感到亲切和温暖的闲书吧。

当我编好这本序跋集,一篇一篇地校阅清样时,真的使我生出诸多的感慨来,这些序跋文字让我再次想起了这些书的作者书里书外的好多往事,说实话,许多序跋中的内容因时间的流逝,大多印象已经模糊,但是,重读这些文字,使我的记忆重启,往事又清晰地浮现在眼前。

自二〇〇〇年四月《开卷》创刊开始,这些序跋文字就开始有了产生的土壤,虽然当时并没有明确的出版意识,只是想着如何将这本小刊物编好,而且大家也没想到会从那时开始,这本刊物一直编到现在快十七年了,再过三个月,这本月刊就满两百期了,真的令人匪夷所思。有关这本刊物的种种,我在此前的几篇文章中都有所回顾,这里也就不再复述了。

还是说一下这些序跋的缘起,《开卷》创刊于蔡玉洗先生主政的凤凰台饭店的凤凰读书俱乐部,创刊后的几个月,《开卷》几位编委即商议组编了"凤凰台丛书"的第一本书《南京情调》,此后,该丛书还陆续出版了《笑我贩书》《柯明画选》《一个家庭 两个世界》(英文版)等,只可惜后两本没有序跋。再后来,"开卷文丛"第一辑在凤凰出版社出版,并由此开始了"开卷"系列丛书的持续出版。上周,"开卷书坊"第五辑的六位作者在上海书展为这套最新出版的丛书举行了首发签售活动,接下来,"兰阁文丛·开卷书坊""开卷薪火文丛""开卷学人文丛"等也将陆续由青岛出版社、南京师范大学出版社、湖南大学出版社出版。

这本序跋集中的作者王辛笛、舒芜、范用、绿原、谷林、黄裳、李君维、吕剑、彭燕郊、章品镇、叶至善、许觉民、戈革、王元化、吴祖光、冯亦代、杨宪益、赵萝蕤、宋词、鲲西、来新夏、吴奔星、汤炳正等均已成为古人,由此也可看到这些书的文化以及历史意味。

范用的《泥土 脚印》是这位出版家严格意义上的第一本随笔集;李君维的《人书俱老》是这位海派小说家第一本,也是至他去世前出版的唯一一本随笔集;吕剑的《双剑集》《燕石集》《吕剑诗文别集》三本与龚明德的《书生清趣》《旧日文事》《新文学旧事》三本都分别出现在"开卷文丛""凤凰读书文丛""开卷书坊"以及"兰阁文丛·开卷书坊"等几套书中,值得一记。

厚达五百余页的序跋集着实让人有点惊喜,这么多的或精彩、或平实、或绵长、或短小的序跋文字,让我们从某一个侧面领略到每一本书的精华所在,也吸引着我们一本一本饶有兴致地读一读这些书——这些浸润着"开卷"特有文风和气息的闲书。

在这套书的策划、编辑以及装帧设计等过程中，王振良、唐益君、潘焰荣诸兄均给予了鼎力的支持与帮助，桑农兄、琪斌兄亦对其中部分文字的校阅有所贡献，在此一并致以衷心的感谢。

二〇一六年八月二十七日夜至次日上午陆续写于开卷楼

《总目》编后记

这本《开卷》总目录对喜欢这本刊物的读者的作用无疑是最直接最本真的，本书中的"作者索引"是请子仪兄整理完成的，这个索引虽然在这本书中所占页面并不多，但其检索的便捷作用是显而易见的。当然，由于我们的经验不足，或许还有进一步完善的空间。

看看这本《总目》，其实是在回顾我们《开卷》十几年走过的足迹，又好似与这些作者一一晤面，一一重温他们的文章，许多温馨的回忆似又回到了眼前。十几年来，是他们给了我们太多的教诲、太多的鼓励、太多的批评、太多的期许，这一切，都使我们铭感于心不能忘却！想想就有一股暖流在心中流淌，真的非常温暖！

看到这本目录，就在想如果能将十七年所出两百期刊物逐年合订成册，十七卷精装排在一起，一定是一位翩翩少年的身影了。最重要的是这些原始文本一定会随着时间的流逝而愈加显现出它们应有的价值来的，这点我们是充满信心的。

如果真的能将十七卷本一套的《开卷》合订本做出来，相信会得到朋友们的支持与欣赏的吧？让我们拭目以待吧！

二〇一六年十月十五日晚

《人物》编后记

这本人物影像是《开卷》两百期以来相关作者、读者的一次纸上相聚，或者说是一次雅集，当然只是一种雅趣，因为其中的一些老人也只能以这种方式与我们相聚了。

这些影像只是《开卷》这个大家庭成员的一小部分，自这本刊物创刊以来的十七八年间，与它有过交集的作者、读者何止万千？呈现在这本书里的两百余位其实也没有非常特意的选择，只是在手边能够找到的照片中，选出了这么一些，肯定会遗漏不少本应在这里相聚的众位老友新朋，我想有遗憾也是好事，这样可让有心人去寻找一下他们的熟悉的面孔而不遇或许更有意思。还有一点，其实也没有多少遗珠之憾，因为在《总目》《年谱》《序跋》三本书中，你一定能发现他们的身影，这或许就是另一种纸上相聚的意趣了。

这些影像中有很多是摄影家周建新先生在《开卷》历年来的活动中所捕捉到的精彩瞬间，也有不少是我用相机记录下来的，虽然没有摄影技巧可言，但也留下了不少原生态的珍贵影像。

《开卷》编到两百期，可以做一个这样形式的小结，目的其实很简单，就是想通过两百期这个契机，将原先走过的路稍稍回望一下，或者说借机停下脚步，坐在山野或者某一个僻静的地方，喝几杯热茶，想一想曾经走过的或平淡、或崎岖、或艰难的路，想一想无论怎样，这一切都过去了。接下来，还是得向前方继续前进吧！无论能走到哪里，就这样一步一步地向前走吧，因为许多的乐趣其实都是在走的过程之中吧！

再说几句题外话，每次《开卷》到了相应的时间段，我们都会举行一些活动让朋友们有一个聚会的机会，十余年间，我们举行过很多次的大型或小型的座谈会、研讨会，这些都已成为大家的美好回忆。除此之外，我们还做了十余本纪念性质的书——创刊百期时所做的《凤凰台上》和《我的开卷》两本书确实达到了选编精良、设计制作精美的初衷，并因此荣获了二〇〇八年度"中国最美的书"称号；去年《开卷》创刊十五周年所做的一套五本精选集同样令人满意，今年为两百期纪念所做的四本书又让人眼前一亮。这里，真的要感谢出版这几套书的译林出版社、北方文艺出版社和天津古籍出版社，同时也要感谢三位优秀的装帧设计师速泰熙先生、杨鑫兄、潘焰荣兄所付出的心血！

二〇一六年九月十四日晚于开卷楼灯下

（《〈开卷〉二〇〇期》，董宁文、董国和、周建新编，天津古籍出版社，二〇一六年十二月版）

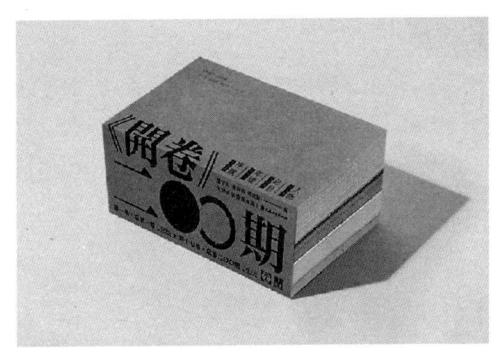

《〈开卷〉二〇〇期》书影

闲话"开卷"系列的毛边本

"开卷"系列的丛书至今已编辑出版了百余种,其中半数以上是做了一些毛边本的,记得最早的一套毛边本是岳麓书社二〇〇五年出版的"开卷文丛"第二辑,那套书的毛边应该说做得不是很规范,或者说是与正宗毛边本沾点边的未裁切本。当然,一般书友还是按照毛边本去收藏的。两年后在湖南教育出版社出的"开卷文丛"第三辑与第二辑毛边做得差不多,但第三辑毛边的地脚毛得更多,形成了通常书友所说的不宜插架的情况。此后在岳麓书社陆续出版的《我的书房》《我的书缘》《我的笔名》和《我的闲章》几本书,也是未裁切的那种非标毛边。到了二〇一三年,从上海辞书出版社出版"开卷书坊"第二辑开始,"开卷书坊"所出的毛边开始走上正轨,此后,一年一辑的"开卷书坊"做得都比较标准起来,这其中的主要原因是出版社重视,加上印刷装订部门的积极配合。当然,其中还有一个重要因素,那就是在做第二辑"开卷书坊"的时候,作为策划及主编的我适时地向毛边书鉴藏专家沈文冲先生请教,并就具体的技术问题进行了多次沟通,并将他介绍给该套书的策划编辑刘小明先生,他们在这些书进厂印制前也进行了有效的沟通,所以保证了这套书做出来的毛边效果非常地道。虽然,这套书连续出版了五年，其间也换了印刷装订厂家，但并没有出现不规范的情况，这个真的应该感谢小明兄所付出的心血。

去年，"开卷书坊"策划的在青岛出版社出版的"兰阁文丛·开卷书坊"先期印出的《拾叶集》（薛冰）、《爱书者说》（桑农）和《雅线意彩》（王晓丹）三本软精装毛边做得相当好，除了设计简洁、用纸精良之外，毛边制作相当规范，这个功劳完全归功于常年对印刷工艺、纸张运用、装订细节都颇有研究的具体兄的精心谋划，并与他自始至终在印刷厂、装订车间跟单分不开的。难怪沈文冲先生在看到了《爱书者说》样书后赞不绝口。从文冲先生的夸奖，即可知道这几种毛边确实做得很标准、很规范了。

从去年下半年开始，因为十一月份《开卷》就出到两百期了，于是开始筹划将《开卷》自二〇〇〇年创刊至二〇一六年总共十七年所出的刊物，按每年一本的规模，做十七卷合订本。于是着手整理十七年的电子文件，因为时间跨度不小，其间还换了几家照排及印刷厂，难度可想而知，而且创刊早几年的文件都是用原来的软盘拷贝的，现在电脑根本打不开，前几年的文件只能重新录入、校对，工作量当真不小，好在目前已接近尾声。今年初，先试验了五十本二〇一六年的布面精装合订本，因为印量太少，只能采取数码印刷的方式，但印制完成，设计师发现由于是数码印刷的缘故，而形成了奇特的三边齐整的毛边效果，于是决定将这一年的合订本作为特装毛边存留，以供有缘的书友收藏，而十七卷毛边仍然做成布面精装本，因为如果都做成毛边，恐不易于阅读。这种毛边没有一页相连，若需阅读，也无须用刀裁读，但看起来就是毛边的参差效果，实在是另一种毛边的风情也。

《开卷》月刊在某个特定的时候也留过一些未裁本，去年《开卷》创刊两百期的第十一期就留存了五十册，其中二三十册已被有缘书友收藏。得到该期收藏的书友，我在每一册的封面上都做了或长或短的题跋，以留下一段书缘记忆。

另外,"开卷"系列还做过其他一些毛边,印象中"开卷文库"第二种陈子善先生所著《双子星座——管窥鲁迅和周作人》在中华书局出版时,我请责编徐卫东做了几十本,这个毛边本似乎也不是太规范。另外,二〇〇八年为《开卷》创刊百期所做的《凤凰台上——〈开卷〉珍藏版》和《我的开卷》两本书也做了毛边本,这两本是著名装帧设计家速泰熙先生所装帧设计,并且获得了二〇〇八年度"中国最美的书"称号。这两本书我手上有几本签名本,也就是请两本书的数十位作者在书上签了名,这些签名是我带着书辗转北京、成都、长沙、上海等地花了几年的时间所签,这两种毛边签名本确实是非常难得的。

这个月"开卷书坊"策划的一套四本"旧锻坊题题题"已经印出,但我还没看到样书,这套锺叔河、朱正、邵燕祥、姜德明四老的题跋集非常有趣,收录了各位所出版或所编之书的题跋文字,每一本书都配有题跋之书的书影及题跋手迹。出版社特意做了几百套毛边签章本,不知道这套书的毛边做得如何,但相信毛边不会做得太不规范吧。另外,四月份将在南京师范大学出版社所出的一套七本"开卷薪火文存",也准备做五十套毛边。这套书由书衣坊设计制作,七位女作者都是当今文化名家的女儿,是一套非常有价值的文化随笔丛书。这套书是平装本,页码也不是太多,做成毛边应该比较适合,让我们期待这套毛边做得别有闲趣吧。

二〇一七年三月二十八日上午完稿于开卷楼晴窗

(原载《参差》二〇一七年十月第五期)

我所知道的毛边书局以及傅天斌

中华书局、金陵书局、秀州书局、毛边书局几个以书局命名的所在使我尤感亲切。中华书局作为一家老牌出版社自不必说，秀州书局的范笑我也是书界名人，很多年前创办的秀州书局早已成为书界的一个传奇，而秀州书局的由来是参照了我所眠食之地南京金陵图书馆内金陵书局的名字，与笑我，与秀州书局的因缘不在此细说。明年毛边书局创办二十周年时，天斌兄准备出一本纪念集，还会做一些相关的活动纪念，这让我勾起了一些与毛边书局以及傅天斌有关的往事回忆来。

说到毛边书局，必然要说到十堰市新华书店，因为二十年前，黄成勇在那主事时，创办了《书友》读书月报，查了一下李传新所写的《毛边书局的来龙去脉》一文知道，这份小报是一九九八年三月二十八日创刊的，传新文章中也提到毛边书局是一九九九年六月正式在十堰开张的。天斌到十堰黄成勇那开始做毛边本的伊始当在一九九六年，黄成勇在《毛傅局长》一文中说是因了龚明德的介绍从家乡而去的。这里面的某些时间点或许也不是太确切，但这些该是毛边书局肇始比较重要的吧。

我手头最早的一本毛边本可能就是在傅天斌经营的毛边

书局的前身——毛边专柜购得的,那本毛边本上有罗飞先生的签名与印章,落款是"1999、6、28"。这本由宁夏人民出版社一九九九年三月出版的罗飞诗集只印了2 200本,估计毛边本也只有百把本吧。后来在《书友》报上经常能看到毛边书局的可供书目,印象比较深的有《董桥文录》(董桥)、《新文学散札》(龚明德)、《新文言》(罗维扬)、《秋菊集》(周翼南)、《书前书后》(锺叔河)、徐明祥的《书脉集》和《听雨集》,以及《知堂书话》等,这里面大多数我都有收藏,估计不少都是在毛边书局所购。

二〇〇四年十二月,全国第二届民间读书年会由《书友》报承办,我记得火车经过长途跋涉到达十堰时,是李传新与傅天斌接的站,天斌的精干与瘦小给我留下了非常深刻的印象。几年后,天斌因故离开十堰,在成都继续经营他的毛边书局。到成都后,我们的联系就少了,但毛边书局的事业却越做越大,一直到前几年得知天斌在经营之余,还热心于公益,当我在媒体上看到相关报道后,钦佩之情油然而生!

二〇〇八年十一月,第八届全国民间读书年会在成都举行,那次在会上又见到了天斌。会议期间的一个晚上,与陈克希、徐玉福等书友去天斌的书店看书,在仅容一人艰难移动的狭小甬道的空间翻看几个房间的旧书,着实有被书压抑得透不过气来的感觉,几位爱书的朋友都有不可理喻的如入宝山的兴奋,数小时后都满载而出书山。记得天斌执意不肯收钱,说是大家第一次来,也是缘分。天斌的热情与诚恳令人动容!

前年和去年的株洲和张掖的读书年会上,再次见到了天斌,我们算是老朋友了,每次见面都会谈些闲话,多少也会谈及书人书事。张掖会还没结束,我就提前离会,天斌热情地代为办理了寄书事宜,使得我的返程轻松了许多。点点滴滴的小事,正显现了天斌为人的可圈可点之处。

我手头还有一两期天斌在二〇〇四年十月编印的《毛边

书讯》的毛边本，后来不知什么原因就再也没有看到。但是从二十年前创办毛边专柜、到毛边书局的开张，再到《毛边书讯》的创刊、试刊，一直到现在正在筹办的毛边书局二十周年的纪念活动，我想，天斌与毛边书算是结下了不解之缘，天斌已将买书、卖书、看书融入了自己的日常生活之中，看来，天斌这一生是须臾离不开书了。

二十年如一日在做一件与书有关的事，而且还做出了一般人不可想象的事业，其实是很幸福的。祝福天斌，祝福毛边书局，就这样一如既往地走下去，一直走到天荒地老！

二〇一七年三月二十八日中午写就，上午则因沈文冲主编《参差》之约，刚刚完成了《关于"开卷"系列毛边本》一文，这两篇短文或许可称为"我与毛边书不得不说的事"吧！

（原载《问津四雅：问津·开卷·品报·参差》，王振良、董宁文、张元卿、沈文冲编，天津古籍出版社，二〇一九年五月版，收入本书时题目改为《毛边书局以及傅天斌》）

郭睿的抱朴守真与墨守我心

认识郭睿到现在亦不过三年有余，但我总觉得我们已是相识很久的老朋友一般。

记得是二〇一三年十一月初的一天，郑雷兄从北京打来电话，说如果近期有空，可到济宁玩两天，郭睿十五日在济宁博物馆有一个画展，可去一观。说实话，当时对郭睿是一无所知，虽说对大圣人孔孟颜曾氏故里的济宁知道一二，但还从未想过要去济宁走走。

那天从南京乘高铁抵达曲阜东站，然后转乘汽车到了济宁，一到宾馆，才知道我早先已熟悉并多有交往的朱正、王得后、陈四益等先生已先期到了，后来在几天的活动中，还结识了郭睿的师友林东海、宋红、郭启宏、邵坦中、李勇、张杰、杨频、周咏平、张军、方向乐等，这几位在近几年还时有交往，其中的几位甚至交往还比较多，当然，这是另外的故事了，暂不细说。

十五日上午在济宁博物馆开幕的"墨守我心——郭睿书画作品展"是我第一次看到郭睿的作品，展出的一百多件作品都是其诸多题材的代表作，一幅一幅地看下来，说实话，有点震撼。多年前我曾偶尔墨戏，对画坛及部分画家也有些熟悉，在南京的江苏省美术馆也算常年的一个老观众，也认识一些画家朋友，想不到在我原先并不太关注的济宁却有着郭睿这样一位画家，传统功底不说，但从作品本身的气象来看，已颇具在中国画的推陈出新上有所建树的潜质。这点感觉是在看到这些作品后的真切感受，至今仍印象深刻。那天在展厅中品读这些作品时，记得还与四益先生、郑雷兄多有讨论，自然是针对郭睿作品而引发的。后来看到二位先生对郭睿作品的评析文章，更加深了我们对所谈论的些许观点的认同。

开幕式后，又与朱正、王得后、陈四益、郑雷等师友去了郭睿的老家嘉祥，进曾子庙、探武氏墓群石刻，真切地感受到了传统文化的根脉的渊源所在。

后来，在北京、在重庆、在南京，多次与郭睿相晤。再后来，彼此还加了微信好友，交往也就日趋多了起来，他的画作、他的行踪、他的交往圈的信息也就越来越多。记得在北京，我们还几次与蓝英年、王得后、陈四益、郑雷等相聚闲叙，还有一次，一道去东总布胡同访扬之水先生。那天，郭睿兄还带去刚刚装裱好的一幅花鸟立轴，是为扬之水先生六十大寿而作的。我们那天见证了扬之水先生获赠佳作的欣喜。还有一件事，见证了郭睿为人儒雅、谦恭的一个小小的侧面。记得那次我是在北京中国现代文学馆做拙编《开卷闲书坊》的新书首发研讨，那天京城二三十位文化名家莅临捧场，郭睿对我说，他负责嘉宾的签到，一直坐在会场门口等待来宾，因为当时师友不少，我就没有顾及，当我在会议开到一半时，发现郭睿仍在签到桌边恭候迟到的来宾，顿时，钦佩与感愧之情油然而生，赶紧趋前致歉，郭睿却面带微笑谦称做一个书童也挺满足。

在重庆的那次算是偶遇，我是与李勇兄相约在北碚他的一处画室相见。那天，郭睿与山东的几位朋友恰好到重庆办事，自然会去老友李勇处碰头，于是我们不期而遇，也算善缘。那天我看见好酒，遂不由自主地端起了酒杯，记得郭睿席前与诸位说他不胜酒力，大家也都没有多劝酒。不承想，那天兴之所至，桌上的四五位竟然喝掉了五六瓶，虽说大家都兴致颇高，但也给郭睿兄留下错误的印象，以为我也是海量，这个恐怕要在今后付出不小的代价了，好在我还是比较清醒的，以后一定知错就改，绝不会将错就错、一错再错了！

以上都是我与郭睿交往的一些点滴往事，其实我与郭睿相契合的地方还是有不少的。回过头来再说一说那次济宁初次见面获赠的《墨守我心——郭睿作品选》（安徽美术出版社，二〇一二年七月版），这本图文书除了收录了郭睿兄的数十幅精心之作而外，还收录了郭睿日常所写的随笔及格律诗，这些文字正反映了郭睿的文人情怀及功夫在画外的修炼成果。大学者林冠夫先生在书前所作题为《窗口灯光依旧——读郭睿兄之画》即可窥见郭睿画外之功用力之勤。冠夫先生说："此外，还得说几句题外话，这就是郭睿近年来用心读书，甚至还着意学习写作古体诗词，作为一位山东人，这是很不容易的。时下以作画为业者（请恕我不用'画家'一语）大多在意技法学习，而对于读书，有的是顾不过来，有的虽然亦知传统文化于作画的重要，却不知如何着手。而郭睿却颇注意于此，读孔孟老庄，亦读周易左史，不是那种为求立竿见影现炒现卖，读了两本书，即要显示自己是学问上的大头'那摩温'。他的读书，是要在整体上提高识见的深度和厚度。肯把重要的时日放到此中，良为难能也。"冠夫先生在这篇文章中进一步说："今人把握古体诗词格律，障碍较多。因为诗词写作的主要问题是了解其字音的平仄，研习诗词者通常须遵平水韵体系，而普通话和大多数方言区的语音体系，从元代起发生了大变化，'平分阴阳，入派三声'。尤其是入派三声，变化较大，入声分派到平上去三调。入变上去，原为仄，今仍为仄，不产生问题。成问题的是入声变为平声，今人写格律诗，若无古入声知识，某些字的平仄便需硬记，因此很多人不肯向诗词韵格律上下功夫，郭睿竟在此处用力，而且下的是苦功夫，实为不易。"

林先生是郭睿的恩师，两人乃忘年交，我曾听郭睿兄谈过一些他向林先生问学的故事，虽只是只言片语，但老少两人的问学情形如若眼前。

郭睿兄曾与冠夫先生有数年比邻之缘，因而郭睿常去林先生那请益。每当郭睿看到林先生家窗口灯光尚亮，知道林先生还在看书，便会上门坐一会儿，按冠夫先生所说"聊聊文化"，由此可见郭睿的问学之勤，因而也获益良多。

在这本《墨守我心》中，我看到许多当今文人、学者都与郭睿有所过从，这些先生中，我所知道的就有廖静文、秦效侃、锺叔河、朱正、朱健、蓝英年、陈四益、王得后、王学泰、林东海、扬之水、郭启宏、周实、郑雷等数十位，可见郭睿作为一名丹青妙手与一般画家的不同之处，也就是正如冠夫先生所说的郭睿在文化上知道下功夫，而不只是单纯地苦研绘画技法，所谓"取法乎上"是也。

郭睿的求学经历也注定了他今后所走的路一定是一条只属于自己的文人画之路。我想，郭睿首先是一个文人，然后以画的形式呈现他对于这个多彩的世界的认识与感悟。郭睿先后就读于山东曲阜师范、杭州的中国美术学院、北京的中国艺术研究院和清华大学美术学院，并在清华获得艺术硕士学位。这样一路走来，郭睿的人文脉络不就是非常清晰了吗？所以我看郭睿的艺术之路虽然还很漫长，但是他所追求的理想境界我们是可以预期的。

大约在前年，郭睿兄知道我与金陵老诗人、作家、书画家、京剧票友俞律老先生熟悉，就让我转请俞老为他题写了"抱朴居"的斋号，至此我即感受到郭睿的人文情怀与其中所蕴含的抱朴守真的追求。郭睿在题为《墨守我心》一文中写道："漂泊途中，我一直谨守着素来奉行的做人做事原则，不因蜗角浮名，不逐蝇头微利，但求抱朴守真，完善自我。在艺术上，则以'墨守我心'自持自勖。墨守，首先是要守住成规，任何时候都不脱离中国画的本质特征。但这种墨守不是僵化、死板的，其中融入了个人的理解与感悟，是传统的延伸，也是我心的体现。没有坚守，就不会有艺术的底气；没有体悟，也不会有艺术的自觉。在'墨守'与'我心'之间纵横游弋，假以时日，或许能超以物外，得其环中，成就'墨守我心'、人艺合一的大境界。"

郭睿在抱朴守真的前提下，力求墨守我心的大境界，正所谓"路漫漫其修远兮"，但也正如郭睿所言"要真正做到，又谈何容易。穷毕生之力，能得其万一，已是平生大幸了"。

对于郭睿的画，说的人已很多，也因我对于画的品评属门外汉，所以在此也就不献丑了，而对这本《墨守我心》中收录的《月色》《迎春开趁早春时》《后院》《孤旅》《空山鸟语》《霜降》等十余幅花鸟作品还是颇为倾心并品味再三的。

二〇一七年三月十六日漫笔于金陵南郊开卷楼晴窗

（原载《一花世界：郭睿绘画评论集》，郭睿编，广西师范大学出版社，二〇一九年五月版）

《问津四雅·开卷》编者私语

为纪念问津书院成立五周年,振良兄告诉我要编一套《问津四雅》,其中列有《开卷》《问津》《品报》《参差》四本刊物的专题评述单元。这册有关《开卷》的小书,就是其中的组成部分。

本书分为上、中、下三编。上编说刊,顾名思义就是大家所谈有关《开卷》这本刊物的文章,其中大多没有单独结集出版过。中编评书,是关于《开卷》系列图书的评论,这些书评也基本没有单独结集过。下编访人,是媒体对《开卷》的报道,其中两三篇收入过相关纪念文集,这次为了更加全面地反映刊物面貌,一并收录以备读者参阅。最后还有附录,收入《开卷》二〇一四年一月与问津书院合作后至二〇一八年六月书院揭牌五周年编印的总计五十六期《开卷》篇目。

在《开卷》创刊一百期的时候,出版过一本《我的开卷》,这本书收录了百余位学者、书人撰写的有关对刊物的观感与期许的文章。在创刊十五周年时,又出版过一本《纸香墨润》,同样收入了数十篇纪念文章。前后两本书中的文章,与"说刊"中的文章是一脉相承的,如果几本书能够放在一起参照阅读,可能会对《开卷》增加更多的感性认识。

因时间仓促,编辑疏漏之处在所难免,恳请读者诸君予以谅解为欣!另外,关于《开卷》系列的书评,在媒体发表过的总有几百篇吧,因篇幅所限,也只能在此收录少量以窥一斑而已。

感谢蔡玉洗先生赐序。他是《开卷》一路走来的最初发动者,更是自始至终不离不弃的推动者!

二〇一七年十一月八日晚于开卷楼灯下

附:

小刊物,大想法
——《问津四雅·开卷》序

蔡玉洗

二〇〇〇年春天,南京的一批文化人聚集在凤凰台饭店的书吧——开有益斋,商议办一个专门议论读书的刊物,当时大家的观点相当一致,要提倡一种非功利性的读书态度,努力营造一种全民爱读书想读书的书香社会,把个人读书行为和追求人格完美的理想融合起来,读书不是为了考试升学,也不是为了晋级评职称,也不是为了当官做专家做学问。读书与不读书也不要上纲上线,谈什么高雅与鄙俗,读与不读随意而为,纯粹就是一种个人爱好、修为和趣味。

我们办刊物就是要表明这样一种态度,如果在读与不读两者中做选择,我们还是主张多读书读好书。因为一个人从出生到去世最长也少有过百年的,遇到的人和事,还是相对比较少的,在这样少的时空中能做你人生导师和指引的人就更少了。但一个人如果知道了读书,知道利用书籍作为自己认知世界的工具,情况就会改变。

有文字记载的历史几千年,其中产生了无数的文化典籍,这些典籍记载了各朝各代志士仁人对自然、社会和人生的探索和认知,它会对我们当代人不了解、不清楚的问题和疑问给出多种解决方案,你可以从中比较选择,增加、积累自己对当今社会和自身的认识理解，会给你的生活增添美丽的色彩，会使你变得丰满、可爱、聪明，成为一个有素养的文化人，在生活中遇到困惑和迷茫的时候能自我释疑，知道前面的路如何走才比较通畅，少走弯路。所以过去孩子入学读书叫开蒙或启蒙，孩子的开蒙主要是识字，我们成人的启蒙主要是寻找认识世界的方法和探索人生的路径，历史上每部名著的著作者都是我们不入室的老师，都是照亮我们人生之路的路灯。这些老师举着手中的火把，让我们看清幽蒙混沌的前程。这些老师不会主动来教我们，他们的思想是埋在土层里的矿藏，要我们花力气去挖掘和开采。

我们办读书刊物的目的就是提供一个讲台，聚集一批知道开矿的老师和学者，告诉愿意寻找这些矿藏的年轻人，哪些地方有矿，它的位置和性质、储量。我们并不是这些矿藏的所有者，而是提供一个指引，让探索、研究、开采这些矿藏的行家来到我们的刊物发布他们的研究成果和读书心得，当然这些专家也不是所有意见都正确，都对你有用或有效，行家之间也会有对立的意见和观点，他们的辩驳论难同样会给爱读书的青年朋友提供参考。

从我们当初的立意来看，心思不能说不高，想法不能说不大，但牵涉到具体办刊物就不是件简单的事情，特别是在我们的社会环境里，有无穷的障碍让你去跨越，一个没有耐力和韧劲的人在当下是办不了刊物的。好在当初我们的想法大，但涉及具体计划时我们比较现实低调，再加上我们的饭店有出版传媒的背景，我又在出版部门供职多年，各种有利条件较多，所以刊物进展得还算顺利，很快就办起来了。

一个印张的《开卷》小刊，素面朝天，放在那些装帧豪华高大威猛的大刊当中，实在是小不点儿。但唯其小而实、简而朴，反而引起读者的注目。几期之后就点赞鹊起，美誉纷呈，我们也没有想到读者会如此关注和欢迎这个小刊的出生。当代几个读书界的大家都注意到《开卷》选稿、编辑的价值取向，北京的范用、黄苗子、姜德明、杨宪益和止庵等，四川的流沙河，湖南的锺叔河和朱健，上海的黄裳和陈子善，南京的章品镇和忆明珠等，全国各地的以浙江嘉兴《秀州书局简讯》为代表的民刊也在不自觉中汇集成一股汩汩倡导读书的潜流。正是在这股涓涓细流的推动簇拥下，我们才有召开全国民间读书刊物年会的想法。

第一次全国民间读书刊物年会在南京一开，就一发不可收，接二连三，一年一年地在全国各地开下去，现在已经是十六届了。民间读书刊物也如雨后春笋，此消彼长，蔚然成了气候。我也常常思考这种民间自发的读书活动，既没有人有意地去发动、组织，也没有某个大人物或领导者去提倡号召，为啥能坚持这么久，勃发出如此大的生命力？这也从另一方面说明民间草根性是它的源泉，没人管它，所以它爱怎么长就怎么长，每个人只代表他自己的读书取向，他把自己的有关读书的想法无拘束地说出来，你可以不同意，可以反对，但你没有权威去打压它、控制它、取消它，给它下一个闭嘴的禁令。我想这种无组织、无压力、无领导、无统一、无定规的读书气氛就是个体读书人追求的状态。正是这种状态契合了读书人内心的愿景，相依相守，欲罢不能。所以虽然一波三折，危难不断，但每次都能逢凶化吉完成自我救赎。

作为一个逐渐融入世界文明潮流的民族，应该有一个健康的全民阅读生态，就像一个丰富多彩五光十色的自然界，有大河大海，也有小溪细流，有大红大紫，也有闲花野草，有大鹏展翅，击水千里，也有枝头小鸟，自由鸣唱。这样的大自然才生生不息，循环往复。社会的文化、文明和知识也有生态一说。我们不能只有主流意识形态自拉自唱，只有主旋律一曲独奏，没有变奏，没有和声。主流与支流是源与流的依存，红花与绿叶是美的衬托。我们民间读书活动之所以十八年绵延不绝且显勃勃生机，也有主流意识形态的宽容包孕、共生共荣的结果。每次年会都得到各级政府部门的支持和肯定，文化宣传部门的领导给予关心和扶持，这样的阅读生态来之不易，我们祝愿这样的共美其美局面能花好月圆，源远流长，这是读书人的幸事，也是中华民族的大幸。

《开卷》办刊已经十八年，十八年中虽然历经风雨，但它还是顽强地生存下来了。这起码说明几点：一是中国改革开放的大趋势没有变，中国逐渐从封闭走向了世界，融入人类文明发展的大潮之中，《开卷》作为这个潮流里的一朵小花，它和大潮一起歌唱和忧戚。二是《开卷》十八年已在无形中形成了一大群支持、爱护《开卷》的作者和读者的队伍。他们以各种形式关注《开卷》成长，不断地为它输送营养和新鲜血液。《开卷》不是几个人在努力，而是有了一支浩浩荡荡的队伍，是中华民间读书大军中的一个方面军。三是编辑人员稳定。有一个董宁文硬撑着《开卷》的一片天。一个小刊有十八年的寿命，与以前很多民办刊物相比已经算长寿了。好花少有百日红，再好的宴席也有终散的时候，不可能长生不老。《开卷》作为一个为当前读者提供读书指引路标的作用已经起到了，功德圆满，什么时候画句号也问心无愧、青春无悔了。

当然，条件允许，《开卷》能够多活几年，为中华阅读空间再继续奋斗下去，我们大家也是衷心赞成的。

是为序。

二〇一八年五月于南京

（原载《问津四雅：问津·开卷·品报·参差》，王振良、董宁文、张元卿、沈文冲编，天津古籍出版社，二〇一九年五月版）

从《普希金抒情诗选》想起的书店往事

我经常逛书店大约是从二十世纪八十年代初开始的吧,对于我这个从很小的时候就喜欢胡乱看书的人来说,就是一种自然而然的因缘。

那个时候,南京与其他城市一样,能去逛的基本都是新华书店,记得去的最多的书店就是南京中山东路上的市新华书店了(这家书店的马路对面还有一家外文书店,因为我对外文不通,故极少去逛,但店里的许多国外的精美画册还是挺吸引人的),离那不太远的杨公井的古籍书店也是南京市新华书店的一家下属单位,这家书店因为靠我家比较近,去的次数相对也多。现在想想,这家书店对于我,真的是书缘、善缘不断。原来并没有怎么想到这里面的因缘际会,或许是一种记忆雪藏吧,正是应约写这篇短文时,才触动了久远的记忆闸门。

故事是从托人买书而展开的,也正是因为这次的购书经历而开启了接下来二十余年的书缘与人缘之旅。其实这件事的起因非常简单,就是托市新华书店里的一位熟人在古籍书店买到了上下两册、绿色封面的平装本《普希金抒情诗选》(查良铮译,江苏人民出版社,一九八二年版)。那个时候还是属于好书一出就不易买到的书荒年代,当然,这种感觉现在的年轻人是无法想象的。这位朋友记得姓黄，是我在业余美术学习班的同学，当我知道了他在书店工作，自然就多了一份亲近感，平时交往就比一般同学多一些。《普希金抒情诗选》刚刚出版，就一书难求。这本书除了我买到的平装本之外，还有精装的，并且一印再印，总印数至少也有十几万册吧。那个时候，普希金是我们这些文学青年所追读的重要的诗人之一，其中他所写的《假如生活欺骗了你》一诗更使我读得如醉如痴。好像是在一九八三年，还是一九八四年，我参加过一次单位组织的文艺晚会，第一次登台表演，朗诵的就是这首《假如生活欺骗了你》。与所有第一次上台表演的人一样，我心情非常紧张，待到表演完下意识地走下台，整个人始终处于一种恍惚状态，根本记不清刚才在台上是怎么将这首烂熟于心的诗朗诵完成的。

这本诗集的具体内容在此不细述，但这本书的书里书外故事倒是可以说上一二的。首先，这本书的装帧设计是当时在江苏人民出版社美编室的潘小庆先生所做的，绿色封面上印的普希金头像让我至今难忘。潘小庆先生多年前送给我的装帧作品集中就收有这本他所设计的佳作，这本集子中还收有潘小庆先生的另一件代表作，就是很多读者至今都记忆犹新的《译林》杂志创刊号的封面。不曾想到的是，十四年后我竟也有缘走进《译林》杂志，一个人负责一份四开小报《译林书评》的编辑，而且一编就编了二十余年，直到今天还在一期一期地编着这份现在早已改成一个印张的小刊物，这本小刊物每期都会夹在厚厚的《译林》杂志里面发行到国内外。

《普希金抒情诗选》编辑出版是由江苏人民出版社所属《译林》编辑部负责的，当时的编辑部主任李景端先生，后来奉命组建译林出版社，并且在一九八八年成立的译林出版社任首任社长兼总编辑。现在，李景端先生已是八十开外的老人了，但始终热情洋溢，笔耕不辍，我不时能在国内各家报刊看到他的文章，自我二十年前到译林出版社后就一直得到他的关心和鼓励,前几天,还收到他刚刚在商务印书馆出版的回忆录《风疾偏爱逆风行》,他在该书题为《老编辑自白》的前言中说:回首三十多载我的翻译出版生涯,都与《译林》杂志及译林出版社的发展进程相重叠。这当中所经历的酸甜苦辣和喜忧成败,虽事过境迁,仍历历在目。要说收获和遗憾,可以列出一大串,但最令人难忘、并引发快乐回忆的,就是我有幸结识了一大批译界和文坛的名流学者。今天有缘写这篇我与书店的短文,也有与李景端先生一样的感慨:我这些年所从事的编辑及出版工作其实也是与译林出版社的发展有着某些重叠的。且容我再饶舌几句。

二十世纪九十年代中后期,李景端社长从译林出版社退休后,接替他担任社长的是从江苏文艺出版社调来的蔡玉洗先生。玉洗先生上任不久,在译林社做了不少改革,其中之一,就是将曾经风靡国内并产生过很大影响的外国文学杂志《译林》从季刊改为双月刊,还有一件事,就是创编《译林书评》四开小报。当时的想法就是国内还没有一份外国文学类的书评报纸,老牌的《文汇读书周报》虽然有相关的外国文学方面的专版,但却是一份综合性的书评报纸。基调定下后,就开始编辑组稿,并请译林社的资深编辑韩沪麟先生转请季羡林先生题写了报名。就这样,自一九九六年上半年创刊至今一期一期编到现在的两百多期。

一九九八年前后,蔡玉洗先生除仍担任译林社社长外,还兼任了江苏省出版集团所属的凤凰台饭店的总经理。蔡总在此后的一两年间策划、实施了文化凤凰台的理念,从而也应运而生了在当今民间读书界颇具影响的《开卷》月刊。也正由于我在译林社所编的《译林书评》的缘故,自然也就转而协助蔡总来办这份小小的读书内刊了。关于《开卷》的故事,不是这篇短文所能尽述的,只是从《普希金抒情诗选》这本书的因缘而引出了我的书店记忆。

回过头来,再说说我与书店另外的一些故事或者说感触吧。记得二十世纪八九十年代,我住在南京城东,每到星期天，都会雷打不动地步行到城中心的市新华书店，一个柜台、一个柜台地看过去，因为每周都去，基本上对柜台后面书架上陈列的图书了然于心。起先，所有的书架都不像现在这样开架可任读者随意阅览，而是看上了哪本书，要请营业员从书架上去拿给你，这种状态挺尴尬的，你想选的书请营业员拿多了而又不买，肯定会看到不好的脸色。那时手头的买书钱又非常少，决定买下一本书总要权衡再三，甚至于要来回几次去书店，才能最终买下来。记得我买的第一本最贵的书是《中国名胜词典》（上海辞书出版社，一九八一年十月版），定价大概五块多。记得拿出这笔巨款时，在身上怎么掏都还是差一角钱，当时很懊恼，明明是按定价提前准备好的，怎么就会差一角钱呢？六神无主之下正准备打道回府，这时旁边一位好心人看到我的尴尬，帮我补上了这至关重要的一角钱才总算如愿以偿。

一九八五年九月十日，也就是第一个教师节那天，我一大早就赶到了我每周必去的市新华书店，因为早就得知那天我日思夜想了很久很久的《辞海》（一九七九年版缩印本）也能买到。而且还有一个小细节，就是我提前弄到了一张教师节特为教师发的优惠购书券，这张优惠券（与现在的优惠券不是一个概念，不具打折功能）的作用是让我能够买到这部缩印本，而没有券即使有钱也买不到，因为那个时候买书是有许多限制的，正如我前面所说，书荒而造成的一书难求，因为要买书的人太多，许多好书供不应求。这个也像那些年凭票购买电视机、自行车、缝纫机等一样，都是计划经济时代的独特风景。

对于当时如饥似渴的我来说，能够买到一套《辞海》那该多好。可是，一套三本的价格我是无法承受的，但知道这本缩印本是贰拾玖元八角，似乎看到了曙光，因为这个价格虽然对我来说也是非常高的，但毕竟还是有可能的。那天上午排了很长时间的队，终于开票、付款买下了这本大砖头一样沉甸甸的工具书，拿到书的那一刻，心里一阵乱跳，毕竟将近三十元的巨款啊！说真话，这本书我使用的频率还是很高的，当我写下这些文字时，又到书橱里找出这部大书，看着有些陈旧、部分书页已经破损、脱落的样子，一种说不出的滋味油然而生。原来就是当作工具书来用，却从来没注意出版权页，仔细一看，我的这本版权页上写着：一九八〇年八月第一版，一九八五年二月第五次印刷，印数为996,001—1,500,000。真的不可思议，我原来以为这部缩印本应该是一版一印，不承想三十二年后才知道并不是，而且当时就印出了一百五十万部。记得三年前，我去上海辞书出版社还与《辞海》编辑部的老师们谈到我的《辞海》故事。

记得在市新华书店，还买过《唐诗鉴赏辞典》（萧涤非、程千帆、马茂元、周汝昌、周振甫、霍松林等撰写，上海辞书出版社一九八三年十二月第一版，一九八五年二月第二次印刷）、《宋词鉴赏辞典》（上海辞书出版社）、《唐宋词鉴赏辞典》（唐圭璋主编，江苏古籍出版社，一九八六年十二月版）、《中国书画鉴赏辞典》（郎绍君、蔡星仪、王玉池、王泷、水天中主编，中国青年出版社一九八八年十月版）、《中国书法大字典》（林宏元主编，中外出版社，一九七六年五月版，一九七六年十一月修订版）、《庄子今注今释》（陈鼓应注译，中华书局，一九八三年四月版，一九八八年一月北京第三次印刷）、《美学》（黑格尔著，朱光潜译，商务印书馆，一九七九年一月第二版，一九八二年九月北京第三次印刷）（因为是分几次买齐一至四卷的，后三卷的版次却是一九八一年八月北京第四次印刷）、《中国禁书大观》（安平秋、章培恒主编，上海文化出版社，一九九〇年三月第一版），等等。

到了二十世纪九十年代以后，开始有机会去北京、西安、杭州、沈阳、上海、扬州、苏州等地逛书店了，每到一个城市，书店一定是除了名胜古迹之外的首选，常常有回到家裤兜里因买书而只剩下几角钱，甚至几分钱的壮举。

已过知天命之年的我，与书店、与书、与书人总会一路这般走下去了吧，现在想想，从前看过的那些上海辞书出版社、中华书局、岳麓书社、黄山书社、江苏古籍出版社等出版的书，不承想多年后我所编所写的书也能在这些出版社出版，说来真是缘为书来。从这一点来看，书店与我的关系真的蛮有意思的，这其中其实还有不少在书店买书、看书时遇到的心酸往事，但那些都是书店未开架时代的真实呈现，想想也就释然了。

丁酉年端午于金陵开卷楼晴窗

（原载《易读》二〇一七年第三期）

民间读书声
——十五届全国民间读书年会之简略回顾

今天，我们有缘相聚在历史悠久、人文荟萃的越国故地、西施故里诸暨，举行第十五届全国民间读书年会，我与大家的心情一样，充满了欣喜与感激。首先感谢中共诸暨市委宣传部、诸暨市文化广电新闻出版局、诸暨市文学艺术联合会对这次年会的大力支持，感谢诸暨市图书馆、诸暨市西施文化研究中心的精心组织，感谢所有会务人员的无私奉献与辛劳！

在当下全民阅读的大背景下，民间读书风气与民间读书刊物如雨后春笋一样生发出勃勃生机，这不得不让我们想起十五年前在南京发起的首届自办读书刊物讨论会，就是从那次会后，每一年，我们这些爱书人都会相聚一次，到今天，民间读书年会的嘉年华已坚持了十五年。十五年虽然不长，但它存在的意义却不同寻常。正如有人曾经总结的那样，这个读书年会是一个没有会长、没有秘书长，当然更没有常设机构，就是靠这些爱书人自发组织、自掏腰包，每年都有热心人促成的一年一年的接力。去年，在张掖举行的第十四届全国民间读书年会上，周音莹这位来自西施故里的当代美女，当然更是一位资深的爱书人，代表诸暨接过了承办本届年会的接力棒。在去年的申办环节，周音莹精心准备的申办演讲给我们留下了美好的回忆，几乎所有的与会者都将掌声给了她，这其中自然也包括另外几位申办城市的代表。在此，我想，我们今天可以再给周音莹一次热烈的掌声，因为她的努力，才使我们今天有缘相聚在诸暨这么一个美妙的城市！

第一届南京的会议参会人数不足三十人，但是却启动了此后的第二届湖北十堰新华书店主办的年会，那次年会的发起人黄成勇先生今天也来了。成勇先生当时在十堰市新华书店主编的《书友》报，曾经引领了民间读书报刊的风向标，虽然今天已成为往日的读书风景，但确是我们这些爱书人所津津乐道的一份心仪的读书小报。那份报纸的责编，李传新先生也到了，传新先生是历届年会出满勤的爱书人，也是目前为止参加过所有十五届年会的两位发烧友中的一员老将。

第三届北京年会的组织者谭宗远先生，是民刊中京味十足的读书刊物《芳草地》的执行主编。宗远先生除了是一位书痴，还是一位重量级的话剧演员，参演的话剧以及电视剧所饰演的角色使人过目难忘。他的文笔不同凡响，几本行世的随笔集就很好地印证了宗远先生的文人情怀。

第四届呼和浩特年会的主办人是草原部落的读书种子张阿泉先生。阿泉先生一人还承办了第七届的鄂尔多斯年会，曾经创办的大型读书报《清泉》是民刊中的一股清泉，曾经滋润过许多读书人的心田。

第五届年会在江西进贤举办，主办人邹农耕先生凭着一己之力，创办了中国首家民办的毛笔博物馆，他所编的《文笔》杂志是宣扬传统文化的重要载体。

第六届年会由《日记》杂志的主编自牧先生筹办，自牧先生被誉为民刊界的"好人"，彰显了山东人的真性情。他所创办并主编的《日记》已成为当今日记研究的一个绕不过去的刊物。

第八届成都年会的操办人龚明德先生是一位中国现代文学的研究专家，也是民刊以及民间读书年会的积极推动者，对民刊以及民间读书人的发展贡献颇丰。

《温州读书报》主编卢礼阳先生主持操办的第九届读书年会别有意味，礼阳先生不久前出版的随笔集《此心安处》或许就是对这个爱书人最好的褒奖。

徐玉福先生所操办的第十届东莞年会的亮点则是将前十届年会的相关资料进行了总结，这些资料的收集整理为以后的民刊研究打下了坚实的基础。玉福先生是一位民营企业家，但他的藏书却让人叹为观止，业余时间所做的楹联研究也成绩斐然。

第十一届读书年会移师文化重镇上海，由巴金研究会的周立民先生所操持。立民先生是一位卓有成就的青年学者，近年来著作频出，影响深远。这次年会开幕时，立民先生却因另有重要工作离会，但会议仍然有条不紊地圆满完成各项议程，这已成为历届年会主办人缺席的一个传奇故事。

第十二届株洲年会的操办人舒凡女士可谓年会活动的女强人，这届年会的参会人数超过百人，成为历届年会中参会人数最多的一届年会，作为株洲新闻网的总监，舒凡女士的魄力与执行力令人信服。她多年前参与的湘江边的旧书摊的文化项目现在已成为株洲的一道文化品牌而享誉全国。

天津问津书院主办的第十三届读书年会是由天津地方文化研究专家王振良先生精心组织并成功举办的一个经典案例。此次年会的成果之一，一部厚达七八百页的《问津书韵——第十三届全国民间读书年会文集》成为今后研究民刊的可信史料。振良先生所操持的问津书院至今已快满五周年了，他所主编的"问津文库"已出到六十余种，现在可以说，这些成果已成为天津地方文化研究一个富矿，振良先生年轻有为，前途未可限量。

有"塞上江南"之称的张掖举办的第十四届读书年会由黄岳年先生组织操办，这届年会所取得的成果已成为张掖市政府的相关工作业绩，这也是读书年会所取得的意外功效。年会上推出的《我在书房等你》也成为本届年会的亮点。

以上简单回顾了以往十四届民间读书年会的点点滴滴，难免挂一漏万，但是从这些点滴中或许能够折射出年会中更多的侧面。十四届年会所具有的辐射与影响力其实是不可能用一篇短文涵盖的，或许只能算作是民间读书年会这本厚厚的大书的一个小小索引吧。在此，我提议，让我们以热烈的掌声向民间读书年会的首倡者，曾任江苏文艺出版社社长、译林出版社社长、凤凰台饭店总经理、《开卷》杂志主编、资深出版人蔡玉洗博士致敬！

其实大家的热烈掌声也是献给长期以来支持民刊、支持民间读书年会的文化老人、知名学者以及广大读者、作者的。其实，要感谢的人太多，在这里，我们不太可能一一说出他们的名字，只能说，一切感谢都存于心中，一切感谢都在掌声之中了。

蔡总临行前两天因故遗憾地取消了此次行程，他表示非常抱歉，并让我代他向各位老朋友问好。

来自民间的读书声是优雅而悠长的。

祝第十五届全国民间读书年会取得圆满成功！

二〇一七年十月二十八日

（原载《暨阳书缘——第十五届全国民间读书年会文集》，周音莹主编，浙江古籍出版社，二〇一八年八月版）

第十五届全国民间读书年会代表合影，摄于诸暨

问津开卷几年间

天津问津书院即将迎来创建五周年的喜庆之日，作为"问津文库"的编委以及《开卷》的编辑，自然想起与"问津"的渊源，虽说《开卷》与问津书院合作只有短短的四年时间，但是与问津书院的掌门人王振良先生相识相交却已有将近十年的时间了。

记得二〇〇八年十月在淄博举行的那届民间读书年会，张元卿先生从天津带来了刚刚创刊的《天津记忆》，并说是与天津《今晚报》的好友王振良以及其他一些同道共同创办的，说以后有机会可以介绍我们相识。等到第二年的鄂尔多斯的民间读书年会上，元卿与振良结伴参会，我与振良可能就是在那次会上初次见面的。

振良与元卿二位与天津记忆团队的同人一道创办的极具影响力的天津地方文史类的民刊《天津记忆》，白皮书的小册子甫一面世，即以全方位的整理天津地方文献的小专题、小切口的面貌使人眼前一亮，而且一年出刊即达数十期，打破了一般刊物的半年刊、季刊、双月刊、半月刊的常规刊期，据我不太确切的印象，最多的一个月可能就出刊二三十期，或许还不止。这个问题我好像问过振良兄，振良兄说稿子都是现成的，有条件就尽快印出，以免拖下来以后就不一定能印出来了。想想也对，振良兄就是这样的做事风格，否则这些年振良兄也做不出那么多的事情来。至于那些一百多期的《天津记忆》的学术价值以及在天津地方文化上所起到的推动作用，已有很多专家学者给予了恰如其分的评价，在此不必赘述，着实也没有能力再说出什么新的见解来了。

后来，由于种种原因，振良兄与元卿兄都退出了天津记忆团队，《天津记忆》的这两位主要编者的退出自然使得这份刊物已真正成了今天的天津记忆了。

大约到二〇一三年，振良兄再次出手，创办了民刊《问津》，还是有关天津地方文化史料的研究刊物，在脉络上仍然延续了此前刊物的精神内涵，但在形式以及编辑思路上又有了新的变化，如同多年前《天津记忆》给读书界、地方文史研究界带来一股清风一样，《问津》的出刊，给人们带来的仍然是欣喜，这份小刊物给了关注天津地方文化以及其他城市的地方文化研究者、爱好者一个大大的惊喜，务实、谨严的学术气息使读者有春风拂面的清新之感。

不久，振良兄又亮出了他的大手笔，策划、编辑、出版了"天津文库"的系列丛书，本套丛书两三年间以"天津记忆""通俗文学研究集刊""三津谭往""九河寻真""津沽笔记史料丛刊""随艺生活"等六个系列出书五六十种，不经意间已蔚为大观。可以预期，再过一两年，这套"问津文库"出满一百种亦是指日可待的事。除此之外，问津书院常年开设的"问津讲坛"已成功举办了将近五十期。

以上只是振良兄在短短的几年间利用业余时间所做的部分工作，他的敬业、执着的精神不能不令人产生由衷的敬意。

在此，还要说到来新夏先生在二〇一三年下半年某一天给我打来的一个电话，来先生在电话中问到《开卷》的境况，并明确问我，如果需要帮助，天津问津书院可以助力。他说，他是书院的顾问，如果我愿意，他就可以正式向问津书院提出。来先生生前对《开卷》非常关心，而且也是《开卷》自创刊以来最重要的作者之一,来先生对刊物的关心与熟悉程度非同一般。自那次电话之后,我与问津书院的负责人振良兄的联系就多了起来,不知不觉中,《开卷》自二〇一四年开始由问津书院主办至今即将满四年了,明年五月,问津书院即将迎来五周年的喜庆之日。在此说说问津开卷几年间的点滴往事,或许也可算作一份小小的贺礼吧。西哲有言:小的是美好的。信哉斯言也!

二〇一七年十月三日于金陵开卷楼雨窗

(原载《问津疏影:小说·诗歌·随笔》,阎伯群、罗广才、王振良编,天津古籍出版社,二〇一九年六月版)

闲说韦明铧先生

现在说到扬州，除了她的历史文化、风俗景物之外，首先想到的就是"韦明铧"这个名字，因为这个名字已经能够使我们一说到扬州文化，就自然而然地想到"韦明铧"这三个字。这个也就像我们现在说到苏州，就自然会联想到王稼句，说到南京就会想到薛冰一样。他们三位在三地的历史文化研究与当代文化的发展中都有着不同凡响的意义，而且三位都著作等身，这些著作中都有相当的分量落在当地的历史、文化的研究上。今年九月十七日下午，在南京举行的"城记—城忆——'乡愁城市'城市丛书新书分享会"上，三位带着《论道扬州》《纵横苏州》《格致南京》三本新书，与读者分享了他们的最新研究成果。这次活动，可谓三位各具风采的城市文化名片的一次独特的亮相。虽然我与三位先生平时接触、见面的机会比较多，但这次的相聚却别有深意，三座城市的"文化名片"的头衔冠予他们实在是恰如其分的。

与韦明铧先生相识可能已近二十年了，正如前不久在南京的一次聚会中，他曾对我说，虽然与《开卷》感情很深，但给它写稿却非常少。我查了一下，韦明铧先生确实只在《开卷》发表过两篇文章，一篇是刊于二〇〇一年第四期的

《维扬访书记》,另一篇是刊于二〇一〇年第十二期的《文人的侠义——毕秋帆与程鱼门》,这两篇短文颇可窥见作为书人韦明铧的一个侧面。

赐稿不多,但《开卷》确是每期都读的,而且每逢《开卷》有活动,韦明铧先生都会来捧场,也时常应我所请,给《开卷》某次活动题词祝贺。记得二〇一六年上半年准备出版《开卷闲话十编》前,曾请韦明铧先生赐一篇短序助阵,不久,韦明铧先生就发来了精彩的序文,其中有这么几段不妨照录于此,以印证我所说的明铧先生作为扬州书人,以及"扬州城市文化名片"提法的佐证:

> 这篇序言,我今天是必须要交稿的。但恰巧中午时分,扬州电视台播放了关于我的一个纪录片,耽误了我一些时间。扬州当局为了表彰文化人,遴选了当代三十位扬州专家,作为"扬州文化名人"来宣传,我也忝列其中。我看了采访我的片子,觉得基本上还满意。这些年来,我之所以取得一点成就,就因为认真。从故纸堆中寻觅得一些断烂朝报,经过连缀、补充、推断,复原扬州古城的某一段历史,犹如考古学家从出土的碎瓷片复原出完整的元青花一样,没有认真精神必定一事无成。指望不努力就能投机取巧,侥幸成功,那是梦呓。
>
> 说来惭愧,我白白读了十几年的《开卷》,为它写稿却非常少。本来想在《开卷》上陆续写些扬州淘书的文字,但因种种琐事也未能实现。现在旧书是越来越难得了,淘书的文字也就越来越难写。倒是扬州的旧书楼或旧书斋,遗迹如可寻找,倒是能够写出一些有趣的文章。这些年来,已经写就的有这样一些:漫话文选楼、迷离大树堂、瓠室山房何在、遥祭文汇阁、随月读书楼旧闻、街南书屋觅句、怀念雕菰楼、追思且住庵、寻找旧城读书处、寒香僧舍旧影、小倦游阁主人、重访青溪旧屋、周氏小盘谷、金粟山房家风、获芬书屋踏访、香销梅馀庵、延秋吟馆随感、冰瓯仙馆游记、

风雨测海楼、意园藏书楼、一宋一廑小记、还轩犹在、梅花书屋有傲骨等。将来倘有兴趣，似乎还可以做下去。如果《开卷》肯给版面，先在上面刊载，我当引以为荣。

韦明铧先生或许以后能将他所提到的文章都写出来刊发在《开卷》上与读者见面，如若那样，将是《开卷》之幸、读者之幸了。

韦明铧先生即将迎来七十大寿之庆，几十年的辛勤耕耘，著作已达七十余本，明铧先生用一己之力搭建的"扬州文化"大厦已然成为扬州的一处独特的人文景观，着实令人钦佩不已。想想也好像顺理成章，韦明铧先生自三十六岁在中国曲艺出版社出版第一本《扬州曲艺史话》，到四十五岁时在三联书店那套著名的"读书文丛"中亮相的《扬州文化谈片》之后，一发而不可收，孜孜矻矻三十多年，已蔚然独得"韦扬州"之盛名，实为实至名归矣！

韦明铧先生曾经在南京工作过八年，想来与南京的渊源与故事肯定也有不少，说不定哪一天，还会写出一本《南京文化谈片》来也未可知，让我们拭目以待吧。

二〇一七年十二月十六日于金陵南郊开卷楼晴窗

（原载《从心集——韦明铧先生七十华诞纪念》，喜阅书坊，二〇一八年十月版）

缘为书来滋味长
——我的读写四十年

年过半百之后，回想一下此前几十年间的读书生活，想了想，若以四个十年来回顾，或许可以从每一个十年中较为清晰地梳理出一些头绪出来，也能从中勾起不少早已忘却或者淡忘的往日记忆来。近些年来，不少书友让我给他们在书上题字，或者写一两句话留念，我总喜欢写"缘为书来"这几个字。这几十年来的日常生活状态大抵都是与书相伴、与书为伍，并以书的读写愉悦身心，或者消磨时光的。这样的对往日读书生活的回味如果没有某种契机，可能不是现在就会去做的一件事情。

一

第一个十年应该是一九七八年到一九八八年。

这十年是我从小学、中学，再到就业数年后参军到部队的十年。

从小学三年级开始，同桌的女同学借给我一本有关儿童题材的小说，并说是讲"打仗"的故事的，那个时候听到这个词就来劲。于是就津津有味地读完了，从那以后，我就渐渐地迷上了读书。

直到中学毕业，我始终着迷于战争题材的小说，常常读到很晚很晚，因为总是想把一本自己感兴趣的书一口气读完才觉得过瘾，否则，心里总觉得不舒服。至今记得读过的有《山菊花》（冯德英）、《万山红遍》（黎汝清）、《红日》（吴强）、《东方》（魏巍）等，巴金的"激流三部曲"也都读过，在当时这三部书都还是"禁书"，因我当时只有十几岁，所以只是囫囵吞枣地读了一遍，知其然，不知其所以然。多年后，却有缘与这些作者有过一些或深或浅的交往，比如还曾得到过魏巍、巴金等先生的签名本，还与不少作者的后人有过一些接触。三四年前，巴金的女儿李小林、儿子李晓棠以及他在《随想录》中写到过的端端到南京来看望他们父亲的老朋友杨苡阿姨时，我就应杨苡先生的嘱咐，陪着他们在南京的几处名胜游玩，彼此都非常愉快。

我读过的古典名著很少，真正算通读过的只有《水浒传》，《红楼梦》《三国演义》《西游记》等书都断断续续读过一些章节，我总觉得《红楼梦》不易读懂，它包罗万象、博大精深，还有那许多众说纷纭。也是多年后，我与两位红学大家周汝昌、冯其庸有过一些交往，尤其是冯其庸先生，不但与他有书信往来，还几次登门拜访，冯先生也曾为拙编赐稿、题词，五年前还为我操持的卧龙湖书院题写过院名，近些年来，我与冯先生家乡无锡的冯其庸学术馆交往颇多，也为该馆编过两年院刊，这些就是我常说的缘为书来吧。

一九八二年后，开始从事一些临时性的劳动，工余时喜欢去南京城里几家新华书店以及江苏省美术馆、南京画店等场所。那时其他民营书店很少，只有市级新华书店以及古籍书店、外文书店数得过来的几家书店可去，也就是从那个时期开始，逐渐养成了买书的习惯。

除了买书、看书之外，业余时间开始寻师访友，游历名山大川，研习中国山水画，那些年还真的画了不少画，参加了许多展览。印象中，八十年代中后期以后，社会上书画艺术的氛围很浓，除了学习书画的人很多之外，各种画家的笔会、书画比赛非常多，我其时也算是积极的参与者。除了经常观摩各种展览、笔会之外，也将自己创作的习作投稿参加各种书画比赛，现在家里还有不少获奖证书和收藏证书。回过头来看那时的境况，着实蛮充实的，虽然这些东西的含金量并不是很大，但收获还是有的，正如那句古话所说，一分耕耘，一分收获。八九十年代我所创作的大量作品还有意无意间留下了一些，到了二〇一六年初，我突发奇想，将这些画选出了六七十幅，还分别请了四五十位作家、学者、书画家，以及美术评论家针对这些作品，写出几十篇他们各自的读画感想。当年七月，安徽教育出版社将这些结集出版了一本《宁文写意》，书出版后，我还举办了两次画展以及新书品赏会，获得了意想不到的良好反响，正所谓"有心栽花花不开，无心插柳柳成荫"。

到了一九八七年底，我从小就有的当兵梦因了平时喜欢舞文弄墨的特长而实现，这里面的过程也很曲折，这里就不展开了。

到了部队后，除了继续画画之外，仍然在训练之余读书。后来，有机会分配到机关，在政治部宣传科放电影，那个地方在部队就是我这样的人的用武之地。除了平时放电影这个主要工作之外，另一个重要工作就是写新闻报道，那几年着实在军内外的报刊发表了不少豆腐块文章，也是小有成就，牛刀小试了一番。后来，政治部的图书室也让我管理，这下与书就更加名正言顺地打起了交道。那个时候，除了将部队里喜欢书画的战友组织起来搞书画展览之外，还将喜欢写作的战友聚到一起，大家相互交流写作体会，共同讨论投稿技巧。要知道，那个时候谁的文章见报数量多是非常令人羡慕的，不少战友就是凭着写作而提干的。

那段时间做得最有意思的一件事情，就是自编自印了一份文学刊物《绿太阳》，现在想来，这份不起眼的小刊物，对我日后从事出版编辑工作应该是埋下了一颗希望的种子。

无意中找到一份一九九四年八月十三日的《南京日报》，那天的"年轻人"专版上我写的那篇《当了一回总编》可以作为原始材料立此存照：

> 在部队里，爱做文学梦的"发烧友"还真不少，但大多数人都苦于没有交流和发表的机会。数年前我在部队时，也是这样一个爱好者，某日，异想天开地琢磨起一个主意，办一份属于战士的文学刊物，使他们能够有一个互相学习和交流的阵地，岂不是一件大好事吗？
>
> 说干就干，征得领导同意，我利用在宣传科工作的有利条件，向所属各连队发出了征稿通知。三天不到，一百多篇诗歌、散文、小说等各类体裁的稿件就堆到了我的桌上。接下来我就忙活开了，一篇篇地审读来稿，编辑整理出二十三篇作品，作为我们名为《绿太阳》的创刊号的正式刊用稿件。当我把这摞稿件摆到我的一位搞打字的老乡面前时，他毫不犹豫地说："这事包在我身上，一星期后你来拿就是了！"印一百多本刊物，纸张可是要不少的。于是我四处向老乡求援，还算顺利，一天下来就弄到了两千多张纸。
>
> 这一星期真把我累得够呛。别的不说，光是校对一项就让我焦头烂额，当一本本饱含着我们心血和期待、还散发着油墨香的刊物刚刚装订好，早已等候多时的战友们闻讯后纷纷跑来先睹为快。疲惫了十来天的我这才长长地舒了一口气。
>
> 刊物出来后，战友们都说读了以后感觉特别亲切，当地的报纸副刊还选登了我们的作品，广播电台在《文化与生活》节目中做了一档十五分钟的专题介绍。部队首长也给予了充分肯定，说我们为活跃军营文化生活做了一项卓有成效的工作。
>
> 小刊物只出了两期，后来因故没再办下去。但它毕竟是我和战友们的一份宝贵财富啊！好歹我也当了回总编，也算

是尝过了一次办刊物的酸甜苦辣。至今想来,还是觉得蛮自豪、蛮开心的。

这篇短文写得非常简略,记得这份刊物的封面是我特地从南京(当时部队在皖南)买回来的一种有大理石纹路的绿色纸张,每一本封面的"绿太阳"三个字是我用毛笔蘸着绿色颜料书写的,这可能就算作封面设计了。这个里面或许也蕴含了日后我策划图书装帧设计时总会将我的想法融进设计师的设计方案中的源头吧。

二

第二个十年就是从一九八八年到一九九八年。

从多年前的一份已经发黄变脆的"写作简况"的打印件中知道了我的第一篇文章是在一九八八年发表的,具体是哪一篇文章,目前已了无印象,这份简况是这样写的:

自一九八八年开始发表第一篇文章至今,已先后在中国航空报、中国文化报、中国妇女报、中华老年报、中国工商报、今晚报、新民晚报、文汇读书周报、文学报、作家报、书友周报、读书生活报、新华日报、江苏工人报、扬子晚报、金陵晚报、青年文艺家、荷花淀、南京文艺界等近百家全国、省、市级报刊发表新闻、散文、随笔、杂文、小说作品数百篇,五十余万字。

现为:

《作家报》	特约记者
《书友周报》	特约记者
《每日桥报》	特约记者
《现代书画家报》	特约记者
《美术报》	特约记者
《译林书评》	特约编辑

一九九〇年从部队复员回到南京，进入一家企业从事繁重的体力劳动将近五年，其间在工作之余，仍将全部时间投入到读书、写作之中，从以上的简况即可见出端倪。这十年的后期，应该是我日后从事编辑、出版工作的起步。九十年代初，先后参加了南京团市委以及市工人文化宫组织的一些文学活动，并在一九九三年五月和一九九五年五月成为南京市青年文学学会会员、南京市职工文学协会会员。

一九九四年十月二十九日，因为去采访前来南京签名售书的梅绍武、屠珍夫妇，那一次两位是带着刚刚由译林出版社出版的《重返呼啸山庄》的译著而结识了该书的责任编辑王理行，此后我们时有交往。大约是在一九九五年或一九九六年的时候，从江苏文艺出版社改任译林出版社社长的蔡玉洗先生将新时期以来最著名的外国文学刊物《译林》由季刊改为双月刊，并想创办一份有关外国文学的书评报，那时，除了《文汇读书周报》有外国文学书评专栏之外，其他同类报纸鲜见，但是，当时出版社没有人愿意来办这样一份不起眼的小报纸。恰在此时，《译林》杂志的编辑王理行向蔡玉洗社长推荐了我，认为我可以做这件事。其实，王理行对我并不是太了解，他只是凭着直觉认为我能做这件事。现在回过头来想想，很多事情真的很难说，像我这样一个当时与编辑、出版一点关联都没有的人，加之又不是科班出身，真的有点匪夷所思。

就这样，王理行安排我到蔡玉洗社长的办公室与他见了面，聊了大约半个小时，这件事就这样确定下来了。不曾想到的是，《译林书评》自一九九六年创刊至今已走过二十二个年头，每两个月，这份报纸都会随着《译林》杂志一道与广大读者见面，至今年正在编辑的二〇一八年第二期为止，已累计编到了一百二十七期，大约在二〇〇八年的时候，具体日期需要核对才能弄清楚，由于蔡玉洗社长之后的第三任社长顾爱彬喜欢后来我所编的读书刊物《开卷》，他认为《译林书评》以三十二开刊物的形式易于读者保存与阅读，于是就

《译林书评》创刊号

改成了与《开卷》的形式一样，由原先的四开小报变成了三十二开的小刊物。就这样，我一个月编着一期有关中国传统文化传承的读书刊物《开卷》，两个月编着一期有关外国文学书评的《译林书评》，一直走到今天。当时四开四版的报纸完全是向着《文汇读书周报》的编辑格调来编辑的。刊名是由译林出版社的资深编审韩沪麟请季羡林先生题写的。往后的日子里，这张书评报纸以其清新可读，颇富学术性，又具评论与批评性的报风而得到专家与读者的青睐与好评。现在大略地回想一下，这些闻名于当今翻译界、学术界、出版界的名字都曾出现在我们这张不起眼的报纸上：季羡林、巴金、杨绛、金克木、戈宝权、王辛笛、章克标、屠岸、于光远、赵萝蕤、施蛰存、张威廉、曾卓、张岱年、王朝闻、梅绍武、绿原、柳鸣九、杨宪益、高莽、许渊冲、罗新璋、李文俊、张佩芬、文洁若、流沙河、郑克鲁、黄源深、许钧、龚明德、钟志清、姚君伟、杨昊成、袁筱一、王彬彬等百余位。

到了一九九五年，我平生编的第一本书《金色的早晨》出炉，这本三百余页的小书从约稿、编辑、校对、装帧与版式设计，一直到印出来后的座谈会都是由我操办，虽然是仅印了五百本的自印书，但编辑、出版程序一样不少，这也可以算作我多年后的编辑、出版实践的一次煞有介事的操练。

这本书还请了当时因《蹉跎岁月》正火遍国内的叶辛题写了"文思神远"四个字印在扉页上助阵，序言请了曾任江苏省作协党组书记、副主席的海笑先生撰写，现在看来，这本书还真做得有模有样。

在编《译林书评》之前，因缘际会，与南京大学出版社的徐雁、江苏省作协的薛冰，以及其他一些志同道合的朋友联系、交往逐渐频繁起来，更因为一九九六年初参加南京首届"状元杯"个人藏书大赛，我与薛冰、徐雁分别获得不同的奖项，而使得大家的来往更加密切起来，到了一九九七年，由徐雁、蔡玉洗领衔主编的"华夏书香丛书"开始运作，

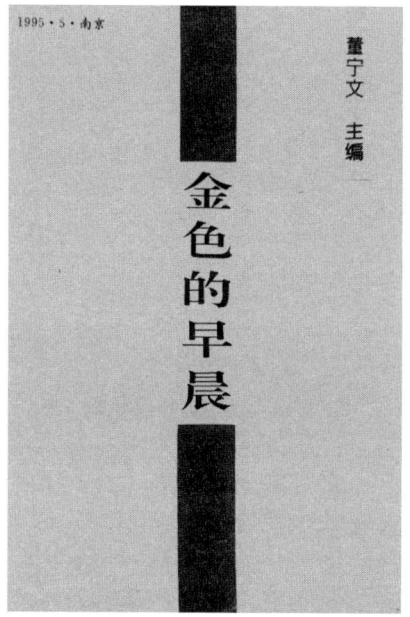

《金色的早晨》书影

第二年，我们几个编委与主编一道到西安，参加在那里举办的全国书市，并在书市期间举行了新书首发活动，那套书是由陕西师范大学出版社推出的，本来计划连续推出第二、第三辑的，后来因为种种原因而搁浅。那次活动特意从各地赶来西安参加的有徐城北、倪墨炎、刘绪源、张放、徐鲁等人，后来他们都成了《开卷》以及"开卷"系列丛书的作者。这个月刚刚去世的《文汇报》原"笔会"主编刘绪源先生当年是那样的意气风发，倪墨炎先生也是好几年前就去世了，想想这些，不免令人伤感。

一九九八年五月，由徐雁先生介绍，我还加入中国阅读学研究会。也是在那一年的十月，我因为发表过一些文字，还被中国航空作家协会吸收为会员。

三

第三个十年，是我开始尝试做编辑、从事出版工作较为重要的十年，这个十年是从一九九八到二〇〇八年。

二〇〇〇年前后那段时间，被读书界誉为"金陵书香部落"的一些朋友常常相聚在一起，淘书、聊书，后又在一起做书，一九九七年底，译林出版社蔡玉洗社长开始兼任江苏出版集团所属的凤凰台饭店的总经理，于是大家又共同策划、编辑出了一份读书刊物《开卷》，这份读书内刊当时是作为饭店企业文化的理念来做的，正如蔡玉洗先生当年所设想的那样，作为出版集团创办的一家饭店，应当将书文化引入到饭店的经营理念中来。不承想到的是，这份只有一个印张、素面朝天的读书刊物，一编就是将近二十年。

这份刊物创刊初期成立了一个十余人的编委会，具体的联络、编辑工作基本上都由我承担，几年后由于编委都有其他事情需要去做，就逐渐过渡到由我单独负责这份刊物的所有编辑事务方面的工作了。

二〇〇〇年四月，凤凰读书俱乐部的读书刊物《开卷》

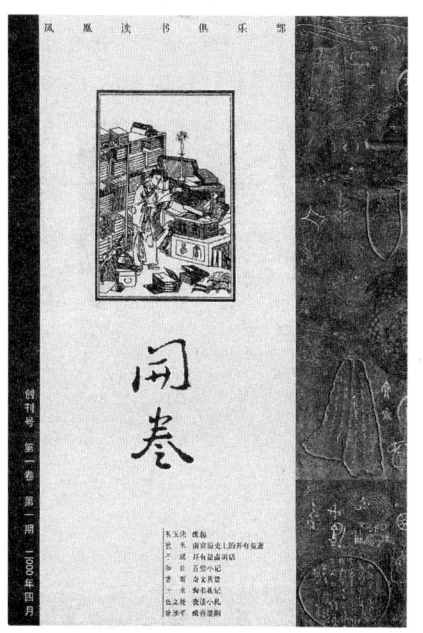

《开卷》创刊号

创刊,几期刊物印出后,就得到了文学界、出版界、学术界众多专家、学者的高度认可,凤凰台饭店也以"凤凰台文化"的打造赢得了社会的赞誉,社会各界人士,尤其是文化界的人士知道凤凰台的人越来越多,在当时的酒店业,凤凰台的文化现象成为人们津津乐道的话题,所谓风生水起,一时间好评如潮。

创刊两周年的时候,我们曾邀请范用、方成先生到南京一游,趁着二老在南京,还组织了一次《开卷》创刊两周年座谈会,南京的马得、陈汝勤、化铁、曹明、李景端、薛冰、王理行等二三十人应邀参加,会上大家对这本刊物两年来取得的成绩给予了积极的评价。可能是因为这次范用先生的南京之行,使我有了一个触动,并萌生了编辑出版"开卷文丛"的想法。范用先生在三联书店主持出版的那套白皮封面的"读书文丛"无形中成了我所策划的"开卷文丛"的标杆。

策划中的"开卷文丛"的作者都是《开卷》的作者,同时基本上也曾是"读书文丛"或者《读书》的作者,书籍的设计也像"读书文丛"一样素朴且有浓浓的书卷气,开本也是小三十二开,页数在两百多页,定价在每本十几元,是那种读者一见倾心的读物。这些想法,一年后就真的实现了,而且理想与现实相差无几。

第一辑十位作者中,基本上都是七八十岁的文化名家,既有二十世纪就已出过书的"九叶派"诗人王辛笛先生,也有"七月派"的老诗人、翻译家绿原先生、朱健先生,古典文学专家、文学评论家舒芜先生,还有新时期以来湖南出版界的名家朱正和锺叔河先生,著名诗人、古文字研究家流沙河先生等。范用先生主政三联书店期间,出版了大量在知识界、文化界以及广大读者中极具影响与价值的好书。这位二十世纪三十年代就加入邹韬奋创办的生活书店的老出版家,一生为人做嫁衣,自己却没有出过一本书。他在"开卷文丛"第一辑中的《泥土 脚印》严格意义上就是我们向这位老出版家的致敬之书。他的这本书也是范用的第一本读书随笔，多年后，三联书店才以这个版本所收的文章出版了同名的《泥土　脚印》以及续编。对于"开卷文丛"中能够为范用先生这位资深的出版家出版他的第一本随笔集而增加了不少的厚度，它的价值也是显而易见的。

现在想想，这套书的出版算是开了一个好头，而且"开卷文丛"的出版定位以及品位让人一看就很清楚了。这套书中还有一本《开卷闲话》也值得一说。当时这本书加入时，不少人是有异议的，认为这些"闲话"与一般的书籍不是一个级别的，充其量就是一些编前编后的闲话而已。当时，我执意将其纳入，但没有想到的是，这本《开卷闲话》却成了"开卷文丛""开卷读书文丛""凤凰读书文丛"以及"开卷书坊"等"开卷"系列丛书的主打书，这本闲话在两年后的"开卷文丛"第二辑中又以《开卷闲话续编》继续出版，一直到二〇一六年由上海辞书出版社出版到《开卷闲话十编》为止，已经成为许多读者购藏"开卷"系列的必看书了。喜欢读"闲话"的《开卷》读者大多都是在每一期新刊到手时必须第一时间阅读的。

凤凰出版社在二〇〇三年十月出版"开卷文丛"第一辑后，可谓好评如潮，当年底，在南京组织召开了一次首发座谈会，数十位专家学者济济一堂，对这套文丛表达了各自的见解与展望。

接下来，我又着手策划了"开卷文丛"第二辑，这套文丛由岳麓书社出版，这一辑仍然为十本，但最后出版时，只印出了九本，魏荒弩先生的《枥斋余墨》因故未能出版，几年后，这本书在"开卷读书文丛"中得以出版，可惜的是魏荒弩先生生前没有能够见到他极想看到出版的一本书。

"开卷文丛"第二辑中彭燕郊、吕剑、辛丰年、章品镇几位老文化人一般读者都很熟悉，但其中的谷林、李君维两位老先生知道的读者不一定很多。谷林先生的本职工作是会计，但业余时间写了大量的读书随笔，曾经还被借调到历史博物馆做了十年的郑孝胥日记的校订工作。李君维先生在二十世纪四十年代以东方蝃蝀的笔名写作小说闻名于世，后来却远离文坛，直到二十世纪九十年代被文学史研究专家重新挖掘"出土"而又重新拿起笔来写作了大量的随笔，这本收入文丛第二辑的《人书俱老》就是那些随笔的首次结集，也是李君维先生一生唯一的一本随笔集。

又过了两年，"开卷文丛"第三辑又在湖南教育出版社出版。这第三辑文丛出版前后，因为《开卷》创刊五周年的"我的书房"的专题约稿，收到了五六十位作者撰写的有关各自书房的文章，由此而编成了一本《我的书房》在岳麓书社出版，不曾想到的是这本书初版六千本后随即热卖，不久又加印了五千本，这本书算是"开卷"系列中印数最多的一本书，并由此而催生了《我的书缘》《我的笔名》和《我的闲章》几本"我的"系列图书的出版。

这一个十年的出版历程，为"开卷"系列图书的出版奠定了坚实的基础，在这些丛书出版的同时，《开卷》这本刊物也在每月一期一期地编印出来，到了二〇〇八年七月，《开卷》出到了一百期。为了纪念创刊一百期，我就着手编了两本书，一本为《凤凰台上——〈开卷〉百期珍藏版》，一本为《我的开卷》，这两本书编选精当，装帧设计精美，而有幸获得当年度评选出的"中国最美的书"，这却是一个意外的收获了。

这一个十年，编了几十本"开卷"系列，编了一百期《开卷》，见到了数百位作者，为更多的热心读者寄刊、寄书并且联络，所谓忙碌而又充实的十年，自然也读了我所感兴趣的非常多好书，这一切的一切里面也包含了太多的故事与感念。在此，真的不可能一一尽述，我想可以从我为《我的开卷》所写的编后记中，或许能够感受到这其中的诸多故事吧：

为松兄在《读其小，学其短》中，谈到对《开卷》的感觉是"纸上书友会，笔墨桃花源"；稼句兄也多次说过，《开

《凤凰台上:〈开卷〉百期珍藏版》书影

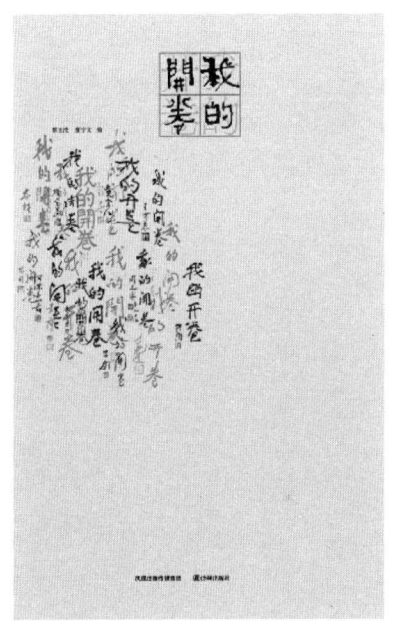

《我的开卷》书影

卷》就像是茶馆,熟悉不熟悉的人都可来坐坐聊聊。正因为《开卷》没有门户之别,倡导和而不同,各抒己见,反倒大得和谐气象。二位说的意味深长,读来令人颇有感触。

今年春节前,与南京的几位朋友闲聊,大家不约而同地提到,《开卷》再过几个月就要出满一百期了。当时也就淡淡地一说而已,后来想想,这一百期能一期一期地按时编印出来,虽然其中不乏沟沟坎坎,苦苦甜甜,好在一切都已过去,倒也乐在其中,确实是一件很幸福的事情。

一百寓意着圆满,也寓意着百尺竿头。本来想等到《开卷》百期时出一本特刊以示纪念,但只出一本特刊,容量太小,装不下作者和读者这些年来的热情帮助和百般呵护。于是就想,何不另编两本书,一本为《开卷》百期珍藏版,将《开卷》这些年的足迹聚集在一起,自是一种最好的纪念;另一本则请朋友们谈谈自己与《开卷》的因缘际会,精彩的故事想必不会少。

还是在春节前,我打印了一纸短短的约稿笺,寄给天南海北的师友们:

在您与《开卷》这些年的交往中,一定会有不少值得回忆、回味的地方,也许您已惠赐《开卷》多篇佳作,也许您只是一直在默默地支持《开卷》,也许您曾给《开卷》提过好的建议和意见,也许您是《开卷文丛》的作者,也许您还是"我的"系列的撰稿人,也许您因《开卷》而找到了几十年不见的故人,也许您通过《开卷》与许多志同道合的书友结缘,也许……这许多也许里面一定会有您关于《开卷》的动人故事,在此,敬请您围绕"我与《开卷》"这个主题,写出您的故事。像《开卷》这样一本民间读书小刊能出到一百期,应该是一件值得纪念的事情。我们拟在《开卷》百期前夕将此次征文结集成书,另外再编一本《开卷》百期精粹,以此两本书纪念《开卷》出刊百期。

不久,便陆续收到了呈现在您眼前的这百来篇文章;最后面的几篇虽是旧作,但对《开卷》有着特殊的纪念意义,所以也一并收录于此。一些师友由于年事已高，或者其他原因，未及赐稿，也都来信、来电说明，并表示祝贺与期望之隆情，这些我们都将铭记于心。

朋友们的文章充满了激励和褒奖，我们谨表示衷心的感谢。但我们也清醒地认识到，这是对我们的鞭策与促进，断不可有陶醉之意。这些年来，《开卷》受惠于广大作者、读者厚爱之处甚多，我们的心情，绝不是一个简单的"谢"字所能表达的。

本书蒙周退密、黄苗子、王世襄、于光远、谷林、冯其庸、杨宪益、吕剑、何满子、黄宗江、韩羽、高莽、周翼南、李福眠诸先生题签。在本书的编辑和校阅之中，得到了译林出版社以及众多书友的鼎力相助，在此，恕不一一列出他们的名字了。如果列出，将是长长的一串。这不仅体现出大家对《开卷》的厚爱，也体现了稼句兄"茶馆"说的意蕴。

太多的话不知从何说起，唯愿读者诸君能通过这本小书，感受到一分书香，一分温暖，一分回味，就是编者莫大的欣慰了。

四

第四个十年自然是二〇〇八到二〇一八年了，这十年应该说是我继续编《开卷》，继续策划编辑"开卷"系列的十年。这十年里编的书的品种更多了，《开卷》本身也发生了比较大的变化，或者说转折。在二〇一〇年后，《开卷》因故不得不离开原来的主办单位，开始苦苦寻求新的主办单位，那以后的三年真的非常艰难，直到第四年与问津书院相遇，才使得这份刊物又可以稳步地向前迈进。

自二〇一二年开始与上海辞书出版社策划出版的"开卷书坊"到二〇一六年一共出版了五辑三十七本书。每一年八月的上海书展上，"开卷书坊"新的一辑出版后，都会在书展上举行首发活动,这已经形成了开卷书坊在上海书展上的一个保留节目。也是在二〇一六年的十一月份,《开卷》迎来了创刊两百期的喜庆,为了纪念两百期的生日,我又从年初开始,策划编辑了一本颇具特色的《〈开卷〉二〇〇期》。这本厚达一千五百页的小书虽然非常厚,但确实是一本小三十二开的小书。看到这本书的读者都会有惊艳之感,这种惊艳不仅体现在书本身的精美与厚重上,而且也在编辑的理念中可以体味。

第四个十年中由开卷书坊策划、编辑,由黄山书社于二〇一五年二月出版的《寓记》一书,荣获"二〇一五海峡两岸十大最美图书"称号;开卷书坊策划,由江苏文艺出版社于二〇一六年七月出版的《林散之年谱》荣获二〇一六年度"中国好书"称号、二〇一六年度中国书法风云榜"书法学术著作奖"、凤凰传媒集团"二〇一六年度凤凰好书奖"。

这几个奖项的获得颇值一记,因为这些奖项是对开卷书坊这十余年来辛勤耕耘的一种认可。

二〇一八年开年之后,由开卷书坊策划的一套五本"侧看民国"系列在北京书展亮相,这也预示着"开卷"系列又将迎来出版的新的机遇。

这十年间,我除了全身心地投入到编刊编书之外,所有生活大都与书有关,每天的时光都是在读书、校书、写书、印书、买书、卖书、送书、评书、品书等之间度过的,我的读书已经不是传统意义上坐在书桌边埋头苦读的情形了,其实也是一种新的状态下的苦读、乐读和悦读。正如很多年前大藏书家、散文家黄裳先生为我写的"为书辛苦为书忙"颇能一言以蔽之。我在读书中编书,在编书中读书;同时也在读书中学习写书,在写书中又去体会如何读书。就这样循环往复、日复一日地沉浸其中,在这样的读书生活中得到精神上的极大愉悦,这或许就是我的一种书式生活吧。

简略地回顾四十年间的读书历程,具体的读书细节与感悟不太可能一一道来,好在已经出版的十本《开卷闲话》中留下了大量的记载可以回味,还有一二十本那些年的日记可觅我的读书踪迹,虽然这些日记至今还在我的书房静候机缘问世,或许哪一天这些日记真的有机会出版,那么与十本《开卷闲话》对应着去读,那或许会让有兴趣读它的有缘人大快朵颐也未可知。记得前些年,扬之水先生送我《〈读书〉十年》时,我曾回复一条短信致谢,并戏言哪天《〈开卷〉十年》也能出版岂不妙哉。私心所想的是,水公的日记所记是一九八六至一九九六年这十年,《开卷》所记则是一九九六到二〇一六这十年,正好是一个时间上的衔接。虽然所记价值有相当大的差异,但是,从文脉传承这一点上来看,还是有着薪火相传的意味的。

二〇一八年一月二十二日至二十三日,开卷楼灯下初稿,二十四日南京今年第二场暴雪之夜改定。

(原载《我的读写四十年》,百花文艺出版社编,百花文艺出版社,二〇一九年一月版)

《文脉——基础甲骨文100字》序

十多年前在给杨宪益先生编辑、整理他的随笔集《去日苦多》时,听杨苡先生聊过他哥哥曾帮助找回流落的四千余件甲骨文的往事。那时,南京刚刚解放,西方国家措手不及,纷纷关闭大使馆。加拿大驻华使馆的代办叫朗宁,是杨宪益戴乃迭夫妇的朋友,朗宁撤离南京前,告诉杨宪益,他在收拾使馆财物时,发现一只旧木柜,里面有许多纸包的骨片,骨片上都刻有文字。朗宁认为这是中国文物,不能带出国,就问杨宪益怎么处理。杨宪益去看了这批文物,确定这些都是商殷的甲骨,然后就叫了一辆三轮车,送交南京博物院,曾昭燏院长曾专门致信感谢他,并告知这批甲骨文已交到北京研究保存。这是我与甲骨文,或者说与这批甲骨文物协助捐助者的一点点缘分。

还有一个未曾实现的缘则是我有一位安阳的书友,他是一位甲骨文的研究专家,曾多次邀请我到殷墟去看博物馆,并一再强调,去后一定会大有收获,希望今年有时间实现这个探究中国文字源流之旅。

南京十竹斋画院与姬长明先生倾心合作的这本《文脉——基础甲骨文100字》精选了一百个基础甲骨文,配以专业字解，并以中国传统文化篇章相呼应，以独特的文创图书方式呈现，向读者传播甲骨文、传播中国文字的文脉渊源，是一个非常好的创意。让传统文化和文字爱好者从这些典型的甲骨文字中了解最基础的甲骨文以及相应的字解，从而更加清楚地了解中国古老文字与中华文脉之间的呼应演化的内在关联，虽然这只是一本小书，但却是一件意义深远的文化普及的盛事。

本书分为"惟人万物之灵""夫至德之世，同与禽兽居，族与万物并""道生一，一生二，二生三，三生万物。万物负阴而抱阳，冲气以为和"三个部分，选取的一百个与自然界、人类基本生活相关的甲骨文字，可以说这些甲骨文字高度概括和提炼了甲骨文的内涵及其独特的魅力。

需要说明的是，本书所引用字解及文脉经典阅读均为原文，没有去做吃力不讨好的主观解读，读者当能从中读出自己的感悟与心得。这本精心设计、制作的小书，既可阅读，也可学习、体会甲骨文字的源流；还可以临摹、体味甲骨文字之美；更可以在书的空白处做笔记，颇富欣赏、学习以及收藏的多种功能，想必会得到有缘人的一见倾心。是为序。

二〇一八年四月十五日子聪于金陵南郊开卷楼灯下

《闲话开卷》后记

《闲话开卷》是《开卷闲话》自二〇〇三年十月在"开卷文丛"第一辑中亮相,经过十五年,陆续出版了第二本续编,一直到二〇一六年出满十编之后,稍稍停顿了一年多,以《闲话开卷》的新书名再出发,所谓新瓶装老酒是也。

《开卷闲话十编》前年八月在上海书展与读者见面后,读者以及《开卷》的不少作者对于"闲话"今后是继续出,还是不出,都提出了不少建议与意见。这里面部分有代表性的意见我在十编后的"闲话"中有所记载,这里就不重复叙述了,有兴趣的读者当能从这本《闲话开卷》中读到一二。

这次这个书名,我觉得还不错,尽管此前几位书友对续出的书名给予了相当不错的建议,但经过一年多的酝酿,还是确定用《闲话开卷》。

《开卷》还在一如既往地编印,闲话还在每期一篇地写着,那么《闲话开卷》也就自然而然地应运而生了,想必《开卷》的读者、作者大多也会对我的这个想法持宽容接受的态度吧。

现在还想透露一个想法,就是如果《闲话开卷》能够像已出的十本《开卷闲话》那样,还能一年一本地出下去的话，可能十年后的景象会更有意思。当然，十年的时间还是比较漫长的，我现在无法想象这本书能够怎样走下去，或者怎样坚持下去，但我可以想象一定会像以往一样，一步一个脚印地往前走，就如杨绛先生二〇一五年四月为《开卷》创刊十五周年题词所说的那样：稳步前进。至于能走到哪里，那一定是天时地利人和使然了，或者说是作者、读者、编者多方努力才能走得远些、更远些了。

这一年多里，《开卷》的一些老作者也与以往的一些年一样，陆续走入了历史的深处，但他们在《开卷》中留下的文字或者印记也同时进入了《开卷》的记忆深处，去年印出的《〈开卷〉二〇〇期》那本厚达一千五百页的纪念文集中，见证了《开卷》这本小刊物的似水流年以及它所涵盖的人文气息。

这本书前的五篇序，作者的文风、文笔虽各有千秋，但闲话意蕴尽在其中。五位作者的学术背景与研究领域各不相同，有的又有所重叠，他们与《开卷》结缘的时间有长有短，虽然都不是早期的结缘者，但也至少在十年左右了，缘分均不浅。其中的邵建先生和韩石山先生至今都不曾谋面，但并不影响我们的交流与碰撞。翁思再先生虽然也只见过一面，但彼此的师友之间的交集并不少，为了写这篇序，思再先生与我交流了很多次，并且还通过一次较长时间的电话，其严谨的为学作风可窥一斑。郑雷与许宏泉二位老兄见面的机会却不少，每每从他们的言谈中获益良多。至于各位的学术研究、治学风范以及创作成果我就不多做介绍了，相信读者朋友比我更加了解。我只想说，他们各位对《开卷》的支持与厚爱我是铭记于心的。

我不认识刘涛先生，但我知道他，也知道先生与唐吟方兄的师生之谊。这次"开卷书坊"第七辑的六本书名就想到请刘涛先生题写，先生应允了，非常地感谢，自然也感谢老友吟方兄的转请之功！

就写这些吧，谢谢看到这本"闲话"的读者，谢谢长期以来支持、帮助、鼓励我的师友们,谢谢你们,让我不断增添走下去的信心与动力。

二〇一八年五月九日午间漫记于金陵南郊开卷楼晴窗

(原载《闲话开卷》,子聪著,文汇出版社,二〇一八年八月版,"开卷书坊"第七辑之一种)

新月故人　木桃集　閒話開卷

百札館三記　三奔書屋譚往　文人感舊集

刘涛为"开卷书坊"第七辑所题书名墨迹

序《书日子——悦读日记（2012）》

春锦兄不久前说想将他二〇一二年所写的日记自印一册存念，我觉得这或许就是一个爱书的雅玩吧，这种读书日记里记录的书人书事会得到与他一样的爱书人的共鸣。

我花了几个小时的时间，将这一年的悦读日记快读一过，并且读得津津有味。

这一年对于春锦兄来说，是非常有意义的一年，其中有两件大事、喜事记录在斯。一为春锦兄的新婚，一为他的第一本书《悦读散记》的出版，这或许就是古人所说的成家立业吧！幸运的春锦兄在一年中就完成了人生中的两件大事，何其幸哉！

这一年的日记中，让我看到了熟悉的书人、书事、书情、书趣，当然，偶尔也能看到与我有关的事情。有些记录也勾起了我的已有些模糊的记忆。

譬如徐重庆先生给春锦兄信中提及的他所收藏的沈苇窗所编的《大人》《大成》两本文史价值极高的刊物的整理、出版事宜，这其中的前后故事中，我也是参与了一些讨论与策划的，只可惜不久后徐重庆先生的病重使得这件事不得不戛然而止。

譬如书中涉及的流沙河先生以及吴茂华老师的《明窗亮

话》，也是与我有些缘分的。在二〇〇三年我所策划的"开卷文丛"第一辑中，沙河先生曾有《书鱼识小》的加盟支持，还有就是吴老师这本《明窗亮话》。

譬如书中提到徐雁先生的几处，又让我想起前年春锦兄与周音莹、蒋国强二兄来南京与我们商议出版与浙江有关的书话丛书的选题计划，这次简短的碰头，让我们欣喜地看到了去年和今年相继由浙江古籍出版社出版的两辑"蠹鱼文丛"。

如果再细细梳理，还会有不少书人书事可以一一道来，但是，我想还是请读者慢慢去品读吧。

最后再说一句闲话，这样的书人日记虽然有趣有料，毕竟还是属于小众阅读的范畴，采用自印、少量印行的方式行世，确实是一件好事，但如果正式出版，或许意义并不是很大。不知读者诸君以为然否？

  二〇一八年十月十三日上午于金陵南郊开卷楼晴窗

（原载《书日子——悦读日记（2012）》，夏春锦著，蠹鱼书坊，二〇一八年十二月版）

妙解民俗掌故，漫画意味深长
——潘方尔绘《民俗掌故日历》闲读偶感

就在十余天前，当潘方尔先生将刚刚收到的《民俗掌故日历》（上海辞书出版社二〇一八年九月版）样书签了名送到我手上的时候，着实有点惊艳之感。虽说此前在方尔兄的微信中已陆续看到过这本书的不少内容，每一次读到，都有意料之中的意外惊喜或者说别样的启发，大多的时候，也还有不少共鸣。

近年来，各种创意的日历书颇受人们的欢迎，有些品牌日历书连续数年推出均销量可观，可见人们对此乐读不倦。这倒让我想起二十世纪八九十年代各种百科知识的台历走进千家万户的情形来，那一阶段，这些台历无形中成了我们这些年少求知的一种途径，确实获益匪浅。后来随着电子网络的兴起，这些纸质的媒介式微。但又过了十余年，这些纸质的日历书又重新回到我们的生活中，这或许也是一种新民俗吧。

中国民俗学家、古典文学史家杨荫深先生的《事物掌故丛谈》自问世以来，一版再版，深受读者的青睐。从这本书中，人们对我们传统的民俗有了更加清晰的认识。杨荫深这本民俗掌故选录引经据典，是一本民俗学的通俗读物。恰巧昨天有缘陪同丰子恺研究专家吴浩然兄在南京艺术学院做了一场题为"丰子恺漫画的诗情和趣味"的讲座,听后很受启发。丰子恺先生漫画除了人们所研究的诸多意义之外,我个人觉得丰先生画的就是一种属于他那个时代的新民俗。方尔兄的漫画深受丰子恺先生的影响,这种影响是潜移默化的,我觉得重要的是方尔兄也创造了一种他心中、他笔下的新民俗漫画,这种新民俗漫画是方尔兄对于世事的洞察、思考后,以自己所擅长的绘画语言、篆刻技艺、打油诗禀赋综合而成的。

前些天应邀参加由上海辞书出版社、南京先锋书店联合举办的"民俗:人世与岁月的呼应唱和"——潘方尔绘《民俗掌故日历(2019)》新书分享会,在分享会上聊到我对方尔兄的漫画、篆刻,以及打油诗之于这本民俗日历的独特性,其中谈及幽默感、画面感以及善于思考的方尔兄的点点滴滴。记得那天晚上,我试举了日历中七月初七"七夕"那幅画来说明。这幅画画了两只猫,一白一黑,一公一母,关键是画上的四句打油诗"有个小秘密,其实不能说。说了也无妨,还是不说了",你看是否妙不可言?这幅不大的画面上还有几方方尔兄所刻的印章穿插其间,为画外之意、弦外之音做足了铺垫。打油诗第一句的右上方钤有一方"累"字的小印章,接下来打油诗第二句上还有一方长一些的印文为"慢点"的印章,第四句右侧则钤有"许多无奈",这三方印章,在四句打油诗所反映的意味之外,更给读者增加了想象的空间。更绝的是在画面的右下方的位置,似在不经意中还钤有一方写意的肖形印,两个小人物在卿卿我我。由此,让我们由猫及人,产生了无尽的思绪。这幅画的左侧,还有一方长方形的"潘童叟画"印章。这方寓意深远的印章,我想也可能是方尔兄内心深藏的一种以童心观察这个世界,以洞察世事的老者的笔调创作的一种表现形式吧。

这本日历一天一段民俗掌故、一段掌故配一幅画,可谓互为表里,相互生发。杨荫深先生所写的民俗掌故有理有据,丝丝入扣;方尔兄的漫画并不一味图解掌故,而是通过每一则掌故给自己带来的启发，从而创作出极富生活体验与感悟的画。方尔兄的画通过打油诗的形式而提升了画外之意，与所谓"功夫在诗外"异曲同工。

随手翻到九月一日的《葡萄》，方尔兄在画上写道："阳光总在风雨后，葡萄盛夏才熟透；朋友总说它很酸，其实等得还不够。"再翻到九月初九《重阳》，方尔兄所画一老一小手牵手在散步，画上题曰："时光荏苒过，遥想年少时；父子手牵手，又逢九月九。"今天正是九九重阳，这让我不由想到方尔兄与他刚刚仙逝不久的父亲之间的父子情深。曾经听方尔兄说起过，几年前，他父亲病重期间无意间说过一句话，说是你只会刻印、写书法，要会画画给我看就好了。方尔兄为了给病重的父亲带来一些快乐，就说，这有什么难的，我画给你看。这一说，也是父子间的一种承诺，方尔兄自小深藏心中的绘画天赋得到触发，从此一发而不可收，短短三四年间，竟然画了数千幅画，而且水墨、版画、刻瓷、紫砂壶，越玩越嗨，而且还竟然在他所擅长的书法篆刻集出版之外，还出版了《潘童叟画》《思想的颗粒和颗粒的思想》两本画册，想必方尔兄的父亲当含笑于九泉了。这也是一种尽孝之道，不知方尔兄以为然否？

这本民俗掌故日历确实是案头必备之妙书，这本日历书有文、有画、有情、有趣；文字蕴藉，书画典雅，如果您有缘收藏一部，想必会有你意想不到的收获，或者更会给你带来愉悦。因为潘方尔是一位以豁达、幽默的态度笑对生活、感悟日常并以他的漫画、他的诗作、他的书法、他的印章解读生活的妙人。你可不信我的解读，但不可不信潘方尔的真诚与痴情。

二〇一八年十月十七日，重阳节午后于金陵南郊开卷楼

（原载二〇一八年十一月七日《中华读书报》）

"开卷楼"中说阅读

记者：您的书房有多少藏书，都是哪些类型？

董宁文：我的书房"开卷楼"中的藏书数量没有统计过，也不太容易统计。因为几乎每天都会有新书进入我的书房，成为开卷楼中的一员。记得二十世纪九十年代后期，抄过一本《癖斯居藏书目录》（曾经用过"癖斯居"作为书房名），全部是手写的书名、作者名、出版社名，以及定价等，估计那时只有藏书一两千本吧。

从一九九五年开始编辑《译林书评》，到二〇〇〇年《开卷》创刊，此后一直到现在，二十余年间，由于编辑工作的需要，买书、读书、藏书、编书、写书，就成了我这些年的主要生活状态，或者说就是一种生活方式吧。

早年的购书、读书、藏书范围还是比较宽泛的，政治、经济、文化、历史等方面的书都有一些。二十世纪八九十年代，除了藏有一些图书之外，还藏有不少杂志，记得长期订阅，或每期新刊出来，就会去邮局购买的杂志就有《美术》《江苏画刊》《艺术世界》《青年文摘》《大众电影》《读书》《随笔》等十余种。

藏书中的《鲁迅全集》《朱自清全集》《叶圣陶集》《宗白华全集》《朱光潜全集》《丰子恺文集》《莎士比亚全集》《艾青

全集》等都是早年节衣缩食购藏的。还有《辞海》（缩印本），《唐诗鉴赏辞典》《中国名胜辞典》《普希金抒情诗选》等一些藏书我曾经专门写过文章记述过那些书缘往事。近二十年来，由于编刊的机缘，接触的读书人、爱书人比较多，除了仍然会买一些自己喜欢的书之外，也得到了不少的赠书。现在家中的书的状况是触目皆书，大约估摸着算算，一万册的数量应该是有的。

这些书的类型基本分为文学经典、各类工具书、社科类图书、翻译类、艺术画册等。其中也有不少作者签名本，这些签名本较之于一般的图书与我更有一种书人情谊深藏其中，所以也就非常珍视。

记者：您喜欢读哪一类书？

董宁文：上面所说，其实也说明了我的某些阅读趣味。其实，喜欢读哪些书是不可一概而论的。年轻的时候，对读书可以用如饥似渴去诠释，那段青葱岁月，对知识的渴求还是比较强烈的。在那种状态下，阅读的范围就较为驳杂，对未知世界的探求，也就只有通过读书的方式去获取。后来从事编辑工作，由于编辑工作的需要，阅读的范围就偏重于某些专业的领域了。

随着年龄的增长，阅读趣味又不断有所调整。早年的博览群书之中，对于文学类图书的阅读量还是比较大的。现在，家中还藏有大量作家的各种文集以及单行本，前一段时间，曾经想过是否将这些书处理了，因为重新阅读的可能性已经微乎其微了。

这些年来，对书话、日记、传记、年谱以及掌故类的图书阅读兴趣始终保持着，而且往往读得津津有味。这些书我觉得都可视作闲书。闲书其实也并不闲，读进去也是大有益处的。

记者：您平常会买哪些书？

董宁文：一般买书都是与某一个阶段的阅读兴趣有关的。早年喜欢中国画，就买了张彦远的《历代名画记》、董其昌的《画禅室漫笔》、王伯敏的《中国绘画史》，范宽、董巨等古人的画册，以及现当代黄宾虹、齐白石、傅抱石、陆俨少、钱松岩、石鲁等人的画册。随着阅读兴趣的变化，比如最近就陆续买了《存牍辑览》《一曲微茫——充和宗和谈艺录》《立雪——宽斋藏周退密诗翰》《物外——扬之水治学著述版本图录》《黄裳致李辉信札》等书。

记者：您对现在的电子书、网络书有什么看法？

董宁文：电子书、网络书是阅读习惯与时俱进的产物，而且这些阅读载体的不断发展不会因为我们喜欢或者不适应而改变，而且这些电子书、网络书的发展与更新速度是超出我们的想象。客观地说，这些电子阅读已经在、将来更会颠覆我们以往的阅读认知。传统的纸质阅读可能在一定的时间内不会消亡，但最终纸质阅读，或者说纸质书一定会退出我们的日常生活而成为一种博物馆式的存在。

记者：有何读书习惯可以和读者分享？

董宁文：我的阅读习惯早年是除了读自己的藏书外，就是去图书馆借书读。那个时候，因为有还书期限，所以每一本书都是尽快读完，然后再去借新书。那些年的阅读习惯就是每一本书都是从头到尾读完的。二〇〇〇年以后，图书馆逐渐不去了，在家看书，因为没有时间限制，读书的习惯也开始改变了，往往是拿起一本书，看不了多少页，发现可以从另一本书中找到对应的阅读线索，于是又会在书房里找出那本书再读，如此这般，慢慢地在某个时间段读完一本书的习惯就没有了。近年来，由于家中新书源源不断，好多书只看看前言、后记、目录，以及少量篇章，有不少书甚至只看一眼书名就插架了。更有甚者，连塑封都不会拆开就插架，这种书或许再也不会去读了。这些情况，我想与我有同感的书友也会有不少吧。

  记者：很多读书人对借书比较反感，您的看法呢？
  董宁文：对借书比较反感，可能与有的人借书不还有极大的关系。其实，这个状态与藏书者对书的癖好有直接的关联，或者隐藏在内心深处的占有欲在作祟。古人说，人无癖，不可交。爱书人有此癖，还是蛮可爱的，无可厚非。

  记者：您觉得哪本书对您的影响最大？
  董宁文：这个问题应该不太好回答，每一本书对人的影响都是潜移默化的，我一时确实想不出哪一本书对我影响最大。

  记者：您出版的作品中，最满意的是哪一本？
  我觉得《开卷闲话》应该是比较满意的，我的这本书虽然十余年来已陆续出版了续编、三编，一直到二〇一六年的《开卷闲话十编》。我的这本书至今出版了十本，其实就是一本书，与一般作者所写的某一本书不同。我的这本《开卷闲话》是十余年来的连续出版，但确实就是一本书。这本书的价值在于书里所记载的内容，可以与十余年来学术界、读书界、艺术界某些书人书事相呼应，留下了一些生动的原始资料，有些内容再过一些年就会成为有趣的文坛学界的掌故了。

  （原载二〇一八年十一月十六日《芜湖日报》，本文为答该报记者郭青之问）

真正的读书是无功利的
——答《易读》问

《易读》：您印象最为深刻的第一本书是什么？

印象最为深刻的第一本书是哪本书，想了很久，确实没有想出来。记得我曾经写过一篇文章，谈到小学的时候曾经看过一本儿童文学方面的书印象较深，这只是有些与同学争相阅读的故事在里面，但具体这本书是什么书名，写了什么，一点印象都没有了。那个时候应该是在二十世纪七十年代中期。

《易读》：在您的阅读路上，是否走过弯路？读过哪些烂书？

从小学到初中这一段时间尤其喜欢阅读，当时阅读的主要来源就是父亲所在单位的图书室，那些年中，去图书室借书、还书成为生活中一件做得最多的事情，一般都是晚上去图书室，那里的灯光很亮堂，到了那里就觉得特别高兴。与图书管理员熟了，一般每次都能借好几本书，借回家看得也很快，看完了就去还书，然后再借新书。记得那家单位的购书频率也不低，经常去新华书店采购新书，我们这些老读者如果知道什么新书了，也可告诉他，他也会尽量买回这些新书。那段时间真的很享受阅读带来的乐趣。到了二十世纪九十年代中期,图书室就慢慢不景气了,也不知道是单位效益不好,购书费用减少,还是领导不重视了。最终图书室一天不如一天,记得图书室最后以处理藏书的方式而关门大吉。记得我还买了一些我感兴趣的书回家。我之所以不厌其烦地说这些,其实是想说在阅读上我并不觉得走过弯路,反而是浓厚的阅读兴趣对我以后所从事的写作、编辑、出版等打下了一个好的基础。至于说读过哪些烂书,其实在我并不是一个问题,所谓开卷有益,这里所说,除了读好书是开卷有益,读了不好的书也是有益的,至少会让我明白什么叫烂书,什么是不好的书。通过接触不好或者无益的书,使我能够不断增加辨别的能力,不也是一件非常好的事情吗?

《易读》:在浩如烟海的图书中,您怎样选定您想读的书?

在平时与朋友们的交流中,经常会遇到一些朋友说起很想在业余时间多看看书,但不知道看什么书,希望推荐一些书。这就使我想到这样一个问题,这个问题也是许多爱书者常常遇到的,就是有朋友到我们的书房,看到我们的家中藏书不少,就会自然问起,这些书你都看过吗?这个问题与我前面说的那个问题一样不好回答。在面对这样的提问时,我一般都会这样说,看书分功利与非功利读书两种情况。功利读书就是为了入学、工作、升职等的学习,严格来说,这种学习只是读书的一种。真正的读书我觉得是无功利的那种读书状态,通过阅读使得我们慢慢进入无限的内心修炼之中,或者通过大量的阅读,让我们认识到自己的无知,而想着不断学习新的知识,也就是说通过读书,而知道如何去读书的这种良性循环的状态。

《易读》:您是怎样读一本书的?谈谈您的阅读经验。

我通常喜欢读感兴趣的文史类以及艺术类的图书,当然历史类的书也爱读。十几岁的时候尤其喜欢读各类小说,其实只要是阅读，我觉得读什么书都可以。阅读的兴趣点会随着时间的推移、兴趣的转移而有所变化。我的经验是这一阶段喜欢读哪些方面的书，就尽量多读，直到哪天兴趣转移了，再去选择新的阅读方向。我读书对于一般的书都是快速阅读，如果遇到特别有兴趣的书，会反复阅读，且乐此不疲。

记得二十世纪八十年代初，南京图书馆开始对外发放借书证的时候，我曾经在图书馆的大门口排了一夜的队，如愿以偿地办了一张当时还非常稀缺的个人借书证。那个时候去新华书店买书，不像现在这样开架售书，每次到书店看书、买书都不是太方便，所以去图书馆借书成了一个比较好的阅读途径。

记得那时借书还书是有时间限制的，所以有的时候借到一本自己特别感兴趣的，就会采取现在的人无法理解的抄书，就是为了在还书的规定时间内抓紧时间将书抄写一本下来，以便以后慢慢阅读。这里面还有一个情况就是某些好书借的人多，借到后还没看完就必须还给图书馆，如果下次再想借到就难上加难了，因为喜欢的人多，一还到图书馆就会被人借走了。所以说你想好书一直能在你手上，那只有一个字可以办到——抄！

《易读》：《开卷》是国内当下一本影响力巨大的民间读书刊物，您是执行主编，请您谈谈《开卷》以及您十几年的编辑生活。

《开卷》是二〇〇〇年四月在南京创刊的，至今已进入第二十个年头了。二十年间刊物得到了非常多的作者、读者的支持与厚爱，使得只有一个印张，连封面、封底在内只有三十二页的一本薄薄的读书内刊，赢得了读书人、写书人、编书人的青睐，确实是编者的荣幸。

创刊伊始，《开卷》有一个十余人的编委会，这些编委虽然身份、学术背景以及各自的成就各有不同，但有一点却是一样的，那就是他们都是爱书人。

回想起二十年前南京这批爱书的编委常常聚在一起聊书、编刊、闲话的情景至今仍历历在目。在这些年中，关于这些编委为刊物的诞生、成长所付出的智慧与汗水，我都写过文章，在一些报刊的采访中，都有过详细的回忆与钩沉，在这里就不再重复了。为《开卷》能一步一步走过二十年的历程，这些编委可谓功不可没。

二十年间，因为编刊，结识了很多文化老人，在与很多专家、学者、作家、艺术家的交流中获益良多。关于《开卷》的作者、读者，我可以列出一个长长的名单：有季羡林、王元化、流沙河、朱正、钱伯城、何满子、吴小如、黄裳、鲲西、范用、王世襄、彭燕郊、锺叔河、邵燕祥、姜德明、黄宗江、丁聪、黄永玉、黄永厚、郁风、杨宪益、杨绛、绿原、屠岸、李文俊、谷林、朱健、董桥、陈子善、止庵、王稼句、薛冰、徐雁、谢泳、伍立杨、龚明德、彭国梁、张放、唐吟方、张瑞田、顾村言……

二十年来的编辑工作或许可以用黄裳先生十多年前给我题写的几个字来概括——为书辛苦为书忙。虽然这几个字是老先生的嘉勉之语，但也道出了这些年我的生活常态。每期刊物从约稿、编辑、校对，再到寄样刊、汇稿费，单就寄样刊一项，每次刊物印出来，我都会一笔一画地写好信封，再将刊物装进信封，拖到邮局，每期至少要写四五百个信封，一年算下来，工作量也是不少的，十多年累计的邮寄量就相当可观了。所有的工作就一年一年周而复始如此这般地进行着，套用一句流行于多年前的话就是"累并快乐着"。

早些年，在编辑之余，我每年总会抽出一些时间去北京、去天津、去上海、去成都、去长沙等地约稿，拜访老作者，见见新作者，在与那些前辈、作者的相晤与交流中，可谓收获满满。在彼此的情感碰撞中，好的稿子也就自然而然地编进了一期一期的刊物中。

在这些编辑生活中，还有一件事值得说一说。那就是自

《开卷》创刊以来至今,每一期刊物都会有一篇专栏,起先名曰《开有益斋闲话》,多年后易名为《开卷闲话》,这个专栏成为这本读书刊物连接作者与读者之间的桥梁,编刊之余的各类信息都能在这个专栏看到,也因为这个专栏的信息量以及它的可读性,而成为很多读者在阅读这本刊物之前最乐于先读为快的。关于读"闲话"的妙处,有非常多的读者写过文章提及。早先几年,这个专栏是编委们集体写作的产物,后来逐渐转为我一个人写。自二〇〇三年十月,该专栏以《开卷闲话》为书名由凤凰出版社出版。从此以后,每隔两三年,都会将最新的《开卷闲话》结集出版,到了二〇一六年七月,《开卷闲话十编》由上海辞书出版社出版,也就是这个专栏在十五年间一共出版了十本,这个专栏还真的成了《开卷》这本读书刊物的一个值得研究的事情了。十编之后,对于《开卷闲话》是否要继续出下去的问题,可谓仁者见仁、智者见智。考虑再三,还是接受了主张持续出者的建议,在二〇一八年再次更名为《闲话开卷》由文汇出版社出版,这次只是将"开卷""闲话"这个书名颠倒了一下,其实这本《闲话开卷》就是《开卷闲话》的第十一编。今年的上海书展上,《闲话开卷续编》仍由文汇出版社出版。如此下来,这本"闲话"就已出版到第十二本了,如果不出意外,第十三编也是可以期待的。

二十年来,编辑《开卷》已然成了我的一种生活方式,里面的故事真的很多很多,以上所说的可能是我以前在文章以及在各类访谈中较少提到的一些方面吧。

《易读》:您编辑《开卷》,也策划出版图书,您编辑的"开卷书坊"已出版了八辑。有人说您一个人"相当于一个出版社",请谈谈您的出版生涯。

"开卷书坊"这套系列丛书这些年来受到读者、作者的关注,缘起于二〇一一年春夏之间,时任上海辞书出版社社长彭卫国先生与我在南京玄武湖畔一次选题讨论之后而于第二年上海书展上推出的一套书文化随笔丛书。

我的所谓出版生涯,追溯起来也有三十多年了。二十世纪八十年代中后期,我曾从戎于皖南山区某部。在军旅生涯的几年中,与喜爱文学的战友一道,谈文论艺,还办起了文学社,自编自印了一本名为《绿太阳》的文学刊物。后来写过一篇《当了一回总编》发表在《南京日报》上,回忆了这本刊物的编辑往事,这个或许就是我从事出版的开端吧。

后来复员到地方,写作、编辑的热情不减,九十年代初,还曾编过一本十余位文学同道的作品集,当然也是自印本,当时请到了非常火的《蹉跎岁月》的作者叶辛为我编的这本书题词"文思神远",序言则请了江苏省作协的著名作家海笑先生来写,封面设计、版式设计均由我操刀,一本书的各个环节都经历过,这本书也可算作我出版生涯的一次试水吧。

作为一个编外的出版人真的进入出版领域,是从一九九五年进入译林出版社编辑一份四开四版的外国文学书评小报《译林书评》开始的。这份小报后来改为与《开卷》一样的只有一个印张的小刊物,这本双月刊的《译林书评》自一九九五年创刊至今,一直由我一个人负责编辑,至今即将跨入第二十五个年头了,这里面的故事也不少,这次就不多说了。

"开卷"系列的出版是从二〇〇三年开始的,当时《开卷》已出了两年多,取得了一些影响。我就想,我们刊物上的作者大多是名家,可否将这些作者的文章以丛书的形式推出,这样不但能扩大刊物的影响力,也可团结更多的作者。说做就做,在征求了编委们的意见后,大家进一步细化了编辑思路,最后第一辑的作者为十人,这十本书分别为《梦馀随笔》(王辛笛)、《泥土 脚印》(范用)、《书鱼知小》(流沙河)、《再谈幽默》(绿原)、《碧空楼书简》(舒芜)、《门外诗话》(朱正)、《偶然集》(锺叔河)、《碎红偶拾》(朱健)、《明窗亮话》(吴茂华)、《开卷闲话》(子聪)。

第一辑"开卷文丛"是江苏古籍出版社改名为凤凰出版社后所出版的第一套丛书，该套丛书由著名的书籍装帧艺术家速泰熙先生操刀设计，以其"开卷"所特有的书卷气为今后"开卷"系列图书的出版定下了基调。这套丛书出版后，达到了预期的效果，短时间内在读书界就赢得了不俗的口碑。只过了一年多的时间，第二套"开卷文丛"就开始启动，二〇〇五年三月，包含了谷林、彭燕郊、吕剑、章品镇、李君维、辛丰年、黄裳、龚明德等九位作者的第二辑由岳麓书社出版。接着"开卷文丛"第三辑再由湖南教育出版社出版。

此后，"开卷读书文丛""凤凰读书文丛""开卷随笔文丛""开卷薪火文存""兰阁文丛·开卷书坊"以及"开卷文库""大家文库"等丛书不断推出，再加上其他诸如"我的"系列、"旧锻坊题题题"以及周有光的《晚年所思》、陈子善的《双子星座——管窥鲁迅与周作人》、《"开卷"十五年精选》等图书的相继出版，逐步形成了"开卷"系列的品牌影响。二〇〇八年由译林出版社出版的《凤凰台上——〈开卷〉百期珍藏版》《我的开卷》荣获当年度的"中国最美的书"称号，二〇一五年由黄山书社出版的《寓记》荣获当年"海峡两岸十大最美图书"称号，《林散之年谱》荣获二〇一六年度"中国好书"称号，由天津古籍出版社出版的《〈开卷〉二〇〇期》在二〇一八年十月荣获全国第九届书籍装帧金奖（文学类）。这些成绩的取得，也为"开卷"系列图书在无形中增加了一些深厚的人文底蕴。

"我一个人像一个出版社"这句话是燕舞兄在二〇〇七年四月二十六日刊发在《中国青年报》上的采访稿的题目，这句话是在燕舞兄采访时，我对他说，我编书从策划、编辑、宣传等都是一个人亲力亲为地参与其中，我一个人就像一个出版社云云。不承想，不经意中的一段闲谈，却被燕舞兄抓住，而成为他的采访的题目，从而造成了目前你所看到的情况。确实非常惭愧，我只是喜欢编书，而且好多事喜欢独自完成。当然,出版流程还是相当复杂的,出版社的流程、责任编辑的工作是没有人可以取代的,我只是做了一些基础性的工作。为了消除这样一句戏言而产生的误解,在此,我将这句话的来龙去脉说出来,想必大家就会一笑了之了。

《易读》:当前,数字阅读渐成风气,您如何看数字阅读?

数字阅读对于传统纸质阅读而言,应该是时代、科技发展的自然产物,在当下,我觉得是相互依存的一种平衡的生态。对于喜欢纸质阅读的读者而言,仍可以按照以往的阅读习惯去看书、查找各种你所需要的东西。但现代的数字阅读已不可阻挡地渗透并存在于我们的日常生活之中,除了在电脑等设备上的数字阅读之外,我们日常与阅读有关的活动都自然而然在数字化所带来的便利之中进行着,尤其是这儿年智能手机的普及,使得我们的生活已基本融入数字化的网络之中。这种状况已经改变了我们的生活。基于这样的一种新生态,我觉得数字阅读、纸质阅读是相互穿插、相互补充的一种现实存在。从长远来看,数字阅读所占的比重会越来越大,并将最终取代传统阅读,到那时,传统的纸质读物就会成为一种收藏品、艺术品而存在于我们的生活之中。

《易读》:请您给《易读》的读者推荐五本书。

那我就推荐五本我们"开卷"系列的书如何?第一本为徐雁教授所写的《转益集》(文汇出版社二〇一九年八月版),这本书是"开卷书坊"最新出版的,书中作者写了十余位他所敬重的老先生,从中可以体会到"转益多师是吾师"的意蕴;第二本为唐吟方所写的《新月故人》(文汇出版社二〇一八年八月版),这本书也是写文化老人、先生的书,作者文字古雅,可读可藏;第三本为谭宗远所写的《文人影》(上海辞书出版社二〇一六年八月版),从书名就可看出也是作者写的与他有交往的文人的书,非常好看;第四本为朱健、肖欣合写的《人生不满百——朱健九十自述》(文汇出版社二〇一七年八月版),这本书是这位"七月派"诗人的九十年的人生经历的回顾,读之对我们这些晚辈当有很好的启迪;第五本为扬之水所写的《楳柿楼杂稿》(上海辞书出版社二〇一三年六月版),是作者大量学术专著之余的闲笔,别有深意。

(原载《易读》二〇一九年第四期,本文为原稿,刊发时有少量删节)

《闲话开卷续编》后记

四月份,《开卷》就已经迈入了第二十个年头,时间过得犹如流水一般,就这样,不紧不慢、不疾不徐地静静地流淌着,一路风雨兼程、一路风光无限。其间有温馨的回忆,也有艰难时的隐忍,还有风雨之后见彩虹的直抒胸臆的畅快淋漓。总之,无论怎样,二十年的光阴就这样云淡风轻地在我们的心中飘然而去。

二十年间,"开卷闲话"一直与《开卷》如影随形,从创刊伊始的《开有益斋闲话》,到后来的《开卷闲话》专栏,自二〇〇三年十月由凤凰出版社将《开卷闲话》结集出版,一直到二〇一六年八月由上海辞书出版社出版《开卷闲话十编》,十几年间,分别由南京、长沙、上海的四家出版社将闲话一共出版了十编(十本)。到了二〇一八年八月,《开卷闲话》第十一编易名《闲话开卷》在"开卷书坊"第七辑中亮相,由文汇出版社接力出版,再过几个月,《闲话开卷续编》还将在上海书展与读者见面,回想过往,展望明天,不禁令人生发出以上些许的感怀之情。

邵燕祥先生、钟桂松先生、眉睫兄、晓星兄、王犁兄、航满兄六位都是《开卷》的作者,最年长的邵先生是从二十世纪三十年代走来的老先生,桂松先生则是五十年代生人,其他四位兄弟都是"七〇后""八〇后"的读书种子,虽然彼此的年龄跨度不小，各自的学养、专长各异，但有一点却是相同的——"一生不悔是读书"（邵燕祥先生语）。

感谢六位在书前所写的妙文，其实写的都是一些闲话，这些闲话，窃以为就是他们闲读《开卷》之所感，闲话"闲话"，各有妙处，想必读者自有会心之处。

二〇一九年四月四日上午于金陵南郊开卷楼

补记：

今天下午，欣喜地收到薛龙春兄发来的六帧由白谦慎先生所题写的本辑六本书的书名，至此，"开卷书坊"第八辑的各项编辑工作已步入收尾阶段，当即在微信朋友圈发了一幅多年前所作的水墨画以贺，题名为"轻舟已过万重山"。

二十年前，《开卷》创刊不久，就有缘认识了龙春兄，后来他去读了博士，再后来成了书法名家及知名学者，一晃多年，因各自忙碌，与龙春兄失去了联系。年初，因了某种机缘，我们又联系上了。

十几年前，由吟方兄请时在美国且与张充和先生交谊颇深的白谦慎先生转请充和先生给我题写了"开卷"二字。充和先生写好，就又劳谦慎先生从美国回上海时带回。其时，严晓星兄正好与谦慎先生在上海约了见面。这样，辗转万里，经过数位有缘人的接力，终于将这帧珍贵的墨迹请回到开卷楼中。

前几年，白谦慎自美国回到浙江大学任教，龙春兄后来也到了浙江大学与谦慎先生同事。至此，这段题签的书缘已大致明晰。

谢谢所有的有缘人。

二〇一九年六月五日晚，开卷楼灯下

（原载《闲话开卷续编》，子聪著，文汇出版社，二〇一九年八月版，"开卷书坊"第八辑之一种）

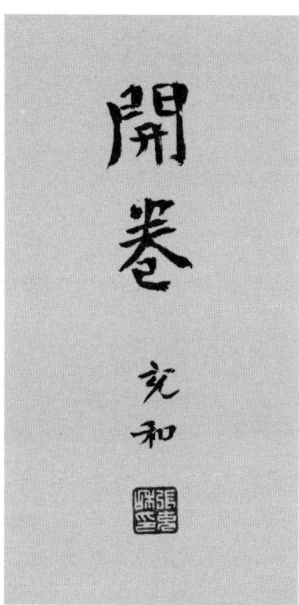

张充和题"开卷"墨迹

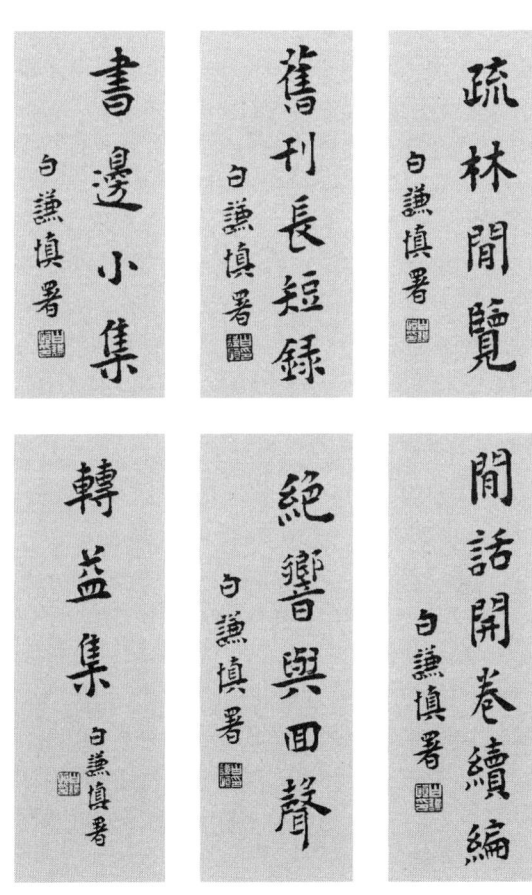

白谦慎为"开卷书坊"第八辑所题书名墨迹

从癖斯居到开卷楼

我最早的书房为癖斯居,那是二十世纪八十年代初开始用的,并且一直用了将近二十年。那个时候喜欢画画,曾经买过一本朱屺瞻先生的《癖斯居画谭》(上海人民美术出版社一九八一年三月版),反反复复地读了很多遍,朱屺老的画语录对我影响很大,其中许多见解对我影响可谓深远绵长,至今我的一些对水墨画的认识与理解都能找到根源与出处。去年曾突发奇想,将昔年所作墨戏之作印成一本闲书,还请了数十位师友写了一些文章,从各自的角度谈谈他们对文人画的认识与理解。这些师友中大多数不是画家,虽然所从事的领域不同,既有学者,也有作家、编辑等,当然也有少数的几位书画家与艺术评论家,但都有一个共同之处,他们都是喜欢读书的文人。所以这本有画又有文的书印出来,应该有些意思。

从二十世纪九十年代中期开始,由于某种机缘,我开始逐渐停下了手中的砚田耕耘,而逐渐转向了写作、编辑工作。一九九六年开始在译林出版社编辑一份四开的外国文学书评小报《译林书评》,也是从那时开始,癖斯居从原来的书画耕耘之所在,而转为文字编辑的书房。接触的从事翻译工作的专家、学者渐多。后来,我又于二〇〇〇年四月开始着手编辑一本民间读书刊物《开卷》而又接触了更多的文化领域的专家、学者以及艺术家。由于编辑、出版工作量的不断增加，曾经钟爱的书画真的是无暇顾及了，但也正因为接触了很多的学者，而使我有了请大家题写"癖斯居"这个书房名的想法，这些年来，估摸着这个书房名至少有百余位写过。我一直想哪天有时间，可以将这些东西整理一下，编一本书出来，或许会有些看头的。

二〇〇七年我搬家到了南京城东尚书里的一座高楼之中，即将书房名改为"尚书楼"，这个书房名不少人觉得不是太好，我倒觉得还不错，暗合崇尚书籍的意思。后来也请了一二十位师友写过这个书房名。但是这个书房确实没用过几年，到二〇一四年的时候，我就又将书房改为"开卷楼"了，这个名字正好与我这十余年所做的《开卷》以及"开卷"系列丛书契合。记得有一天在时年八十六岁的俞律先生的惜馀春堂，与他聊起改书房名时我是想用"开卷堂"的，俞老推敲一番，觉得还是"开卷楼"更好一些。于是就这么确定了，并请俞老饱蘸浓墨即席题写了"开卷楼"三个大字。

后来又陆续请周退密、流沙河、锺叔河、董桥、唐吟方等十余位先生题写了这个书房名。

以上说了从癖斯居到开卷楼的大致经过，现在回过头再简单说说我的书房吧。

自小喜欢读书，二十岁前后开始买书、聚书，成家后的婚房中就有了两三个书架了，那时房子只有二十平方米左右。几年后，买到了五十多平方米的一套两室一厅的福利房，从那时开始就有了一个令人羡慕的独立书房了，并沿墙做了七八个顶天立地的实木书橱，还做了一张实木的大书桌，切切实实的标准书房样式，一点都不含糊。那时的癖斯居的匾额是袁晓园先生题写的。书房内还挂了一幅刘二刚先生所画的读书图，画的两边挂有流沙河先生所写的"读书消永日，灯火送流年"的一副书房联。书房中的藏书也在日益增多，那时五六千册应该是有的。

到过癖斯居、尚书楼、开卷楼的师友不少，记得有流沙河、龚明德、彭国梁、于光远、黄裳、范用、方成、高马得、陈汝勤、施康强、徐城北、李文俊、张佩芬、范笑我、徐雁、薛冰、锺叔河、俞律、来新夏、李福眠、陈克希、韦泱等。这些师友在书房内都会在我准备的一柄非常巨大的成扇上签名，如今每当看到这把签名扇总能勾起往昔美好时光的温馨回忆。

又过了几年，书房已容不下越来越多的书的接踵而至，于是就将癖斯居更新升级到了一百多平方米的尚书楼了。这时书房自然就扩容到两间了，而且其他房间也陆续渗透了不少的书进去占领更多的空间。尚书楼没有用几年，就又转移了，目前的开卷楼每一个房间都是书橱书架，足有一万多册书，或者说只多不少。这些书中还有十余年来所编的一两百本书，还有已编了二十年的，每两个月一期的《译林书评》和已出了两百多期的读书月刊《开卷》，目前的开卷楼确确实实成了生活中须臾不能离开的读卧饮食之所在，或者说已成为自己生活的一个有机组成部分。乐也在此、苦也在此，喜也在此、忧也在此，思也在此、悟也在此也。

还有一事与书房有关。早在十年前，我曾编过一本《我的书房》（岳麓书社二〇〇五年五月版），书中收入了六十位读书人写各自书房的文章，这本书起印六千，后来又加印五千，着实得到了读者的欢迎，这也是我与书房的一份情缘吧！

二〇一六年元月二十五日中午写于开卷楼晴窗，四五日午后稍事修订即成。这两日倒春寒，恍有重回冬日至寒也。

二〇一九年九月九日再次修订于金陵南郊开卷楼晴窗。

（原载《中国书房》，刘大石主编，江西美术出版社，二〇一六年九月版，本文在收录本书时做了少许修订）

周退密题"癖斯居"墨迹

戈革题"癖斯居"墨迹

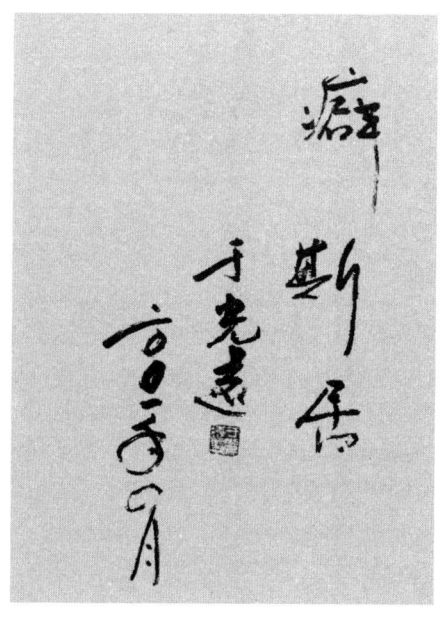

于光远题"癖斯居"墨迹

化铁题"癣斯居"墨迹

刘二刚题"癖斯居"墨迹

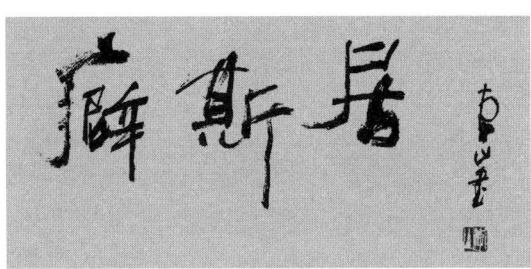

李山题"癖斯居"墨迹

王世襄题"尚书楼"墨迹

李福眠题"尚书楼"墨迹

俞律题"尚书楼"墨迹

锺叔河题"开卷楼"墨迹

周退密题"开卷楼"墨迹

书忆流沙河先生

二〇〇二年在策划编辑"开卷文丛"第一辑时,流沙河先生曾以一册《书鱼知小》加盟支持,后来我又给先生编过一本《晚窗偷读》,书印出后,沙河先生很满意,二〇〇九年九月五日我们一道在鄂尔多斯全国民间读书年会上,沙河先生在我自存的那本书上写了"宁文尽力为之"以为纪念。前年十一月上旬,我特意去成都参加沙河先生新书《字看我一生》的首发式。我特意选了十一月十一日这个特别的日子去先生府上拜访。沙河先生那天很高兴,提笔写下了一段特别的话语,其中有"三十年前宁文从军,亦鄙人生日,今满八十七了,先生军龄正值壮岁,愿强身健体,一生平安"。一切尽在不言中,祈愿先生一路走好!

几年前,龚明德先生曾将他自存的一本《晚窗偷读》转赠与我,正如明德先生所言,这本书对我有着特殊的纪念意义。这本书是沙河先生在二〇〇九年十二月十三日签赠明德先生的,扉页上这样写道:

明德先生
　予所著书惟此装帧最好害怕不配
　　　　　　　　　　　　　　　　　　　　流沙河　赠

不久后的一天，明德先生在电话中与我谈及，并且说等我何时去成都时，再将这本书亲手交给我，并说会再请沙河先生在这本书上写几个字。二〇一〇年五月二日，我到了成都，明德先生陪我去看望沙河先生时，沙河先生就又在该书扉页后的一页印有丁聪所画沙河先生漫画像的空白处写道：

明德以此转赠董宁文先生
感谢董君为予编辑拙著费尽苦心

流沙河（钤印）
2010. 5. 2

时间一晃又过去了七八年，二〇一八年七月下旬，明德先生一家三口来南京旅游，我请他们到家中小聚，我拿出那本书并请明德先生写几句话说明这本签名本的因缘，明德先生提笔写下这样一段话：

八九年前，沙河师签赠此书，见到题词，当即觉得应将它转送宁文存在更合适，因为这是宁文的劳作。过了五年，宁文光临成都，又请先生题词为念。于是成一段文化雅事。戊戌大暑次日有幸在开卷楼重赏此书，宁文兄命书此难得缘分，大悦中试记之。

龚明德

至此，这本签名本的故事已然成为心中的一段美好的回忆，故以"书忆"作为这个美好回忆的题目。我与沙河先生交往二十多年，还有不少温暖的回忆留待他日慢慢回味。

（此为接受"澎湃新闻"采访的文字稿，原载"澎湃新闻"二〇一九年十一月二十三日，此篇署名江声的报道题为《字里再读流沙河：感谢古老的汉字，收容无家的远行客》，本文在此采访稿中有所删节）

明慧先生
予所著書惟此
裝幀最好 害怕
不配 流沙河贈
八九
十三

流沙河题跋墨迹（一）

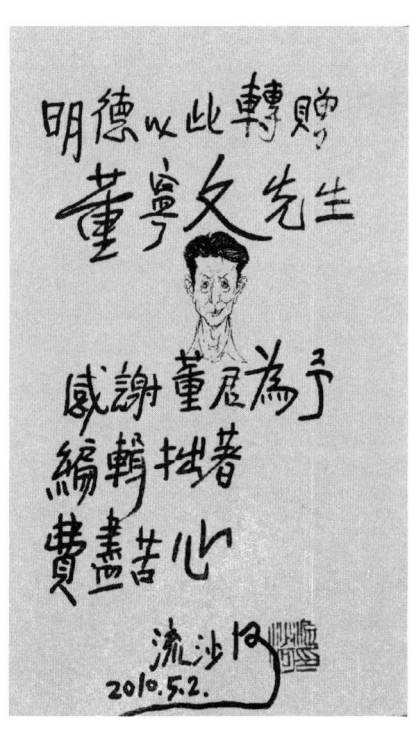

流沙河题跋墨迹（二）

入新世纪前，流河师签赠此书给我，见到题词，当即觉得应将它转送宁文存更合适，因为这是宁文的著作。过了半年宁文光临成都，又请先生题词赠之。好是，成一段文化雅事。戊戌大暑次日偶拿在阁奉培重赏此书，宁文先生书此难得缘作，大热中试记之。龚明德

龚明德题跋墨迹

流沙河与龚明德（左）

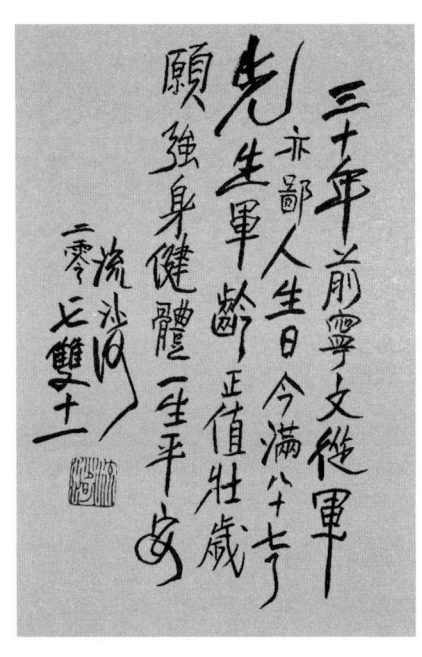

三十年前宁文从军永部人生日今满八十七先生军龄正值壮岁愿强身健体一生平安

流沙河
二零〇七双十一

流沙河题赠董宁文墨迹

附录

我看《开卷》

任红伟

《开卷》一如娴静的情人,从第一次的相见至今,始终都在不浓不淡的牵挂中。不论是书声惊起那只美丽的凤凰,还是凤凰载着琅琅的书声,都是心底最深处那道美丽的虹。而今,凤凰高飞了,那生命中的书声还依旧琅琅,书香依旧郁郁。

——题记

今年一直都感觉很忙,时间好像总是不够用,竟也好久没和董宁文兄联系了。

我不知道《开卷》发生了一些变故,还想着她依旧以她那素雅的风格默默地传播着书香,凤凰读书俱乐部里依旧是一群书痴们静静地阅览。昨晚和《开卷》执行主编董宁文通电话时才得知《开卷》和读书俱乐部都离开了凤凰台饭店,很无奈、很无奈地离开了,重新去开拓属于自己的纯朴的园子。

怎么会这样子呢?整个通话的时间我一直都在试图寻找答案,那种焦急、失落甚至气愤让我一个局外人一直无法平静下来。

知道南京的凤凰台是源于李白的《登金陵凤凰台》,而知道凤凰台饭店则是归于《开卷》之功。一本超薄且纯朴之极的内部月刊，竟把一个名不见经传的酒店打造成全国知名的文化酒店，成为国内外蠹虫们心中向往的福地，个中的艰辛和心血也只有《开卷》人和开卷者知道。

第一次看到《开卷》就被她一下子迷着了，那种淡雅、简洁和真诚就像是一位青石板路上走来的江南村姑，不需要蒙蒙烟雨和油纸伞，就足以让人难以忘怀了。

在这个物欲横流的快节奏时代，还有任何一个刊物有《开卷》这么自信、这么坚定的一路走来吗？不做广告、不着华装，更不靠花边绯闻，就这淡淡的雅、淡淡的香、浓浓的真，就已经倾倒了任何一个有缘与之相遇的读者了。

《开卷》没有打着"以传播文化为己任"的大旗，也没有以"弘扬传统文化"而自诩，只是在默默地做着自己该做的事，像无声的细雨，讲述着书人、书事。《开卷》里没有大腕，也没有口无遮拦的专家，只是写书人、藏书人、评书人和读书人在一起唠叨一些关于书的破烂事。若是按时下的精英们的评定，这些人应该属于一群吃饱了没事干的穷酸吧！

或许就是穷酸吧。而正是这帮子执着的穷酸们，竟"一不小心"地把李白诗中的凤凰台做成了现实中的风景；把江苏出版集团饭店那个诗意的名字传遍大江南北；让江苏出版集团借势整合成凤凰出版传媒集团，那只展翅飞翔的凤凰也理所当然地成为凤凰集团的标志了。

还清楚地记得百期纪念刊《我的开卷》和《凤凰台上》这两本书到手的情景，那种极致的美真的让人不忍动手翻阅。当年《凤凰台上》被评为中国"最美的书"，这可不是靠吹牛吹出来的吧？

风雨路都已经成为过去，凤凰真的辉煌了。那本只收会员每年二十八元工本费的《开卷》还有用吗？这个雄厚的出版集团还缺一本没有刊号的小读物？还缺几个咬文嚼字的穷书生不成？该是卸磨杀驴的时候了。

《开卷》人重又顽强地拼打着,《开卷》一如既往地朴素、淡泊、真诚。只是那只凤凰已不再是开卷者心中的凤凰了,那是一个读者心中不该有的遗憾。

通话后我给宁文老兄手机上发一条短信"让我们努力吧"!我自愧不会舞文弄墨,也只能说上两句支持和鼓励的话了。这也是所有读书人共同的期待和愿望吧——《开卷》有益,让民间处处有书声。

二〇一一年五月十九日

董宁文和他的《开卷闲话》

吴昕孺

十一年前,南京书人蔡玉洗和董宁文先生创办《开卷》,拉起中国民间读书报刊风起云涌的大旗。我深感荣幸的是,从《开卷》创刊到现在,每一本杂志我都认真读过。我首先是《开卷》的忠实读者,其次才是它的一名普通作者。《开卷》的作者队伍太强大了,昕孺能跻身其列,聊备一格,实赖于蔡总和宁文兄对后学的提掖与鼓励。

我和其他很多书友一样,拿到《开卷》,往往并不是从头条看起,而是从后面翻起,顺序为:先看子聪的《开卷闲话》,再找朋友们写的或者写朋友的作品,再看其余。喜欢看《开卷闲话》理由有三:

一是内容有独特的史料价值。很多在其他地方看不到的东西,不期然在《开卷闲话》能得来全不费工夫。比如我在闲话中读到北岛《守夜——诗歌自选集》中的第一首诗《日子》:"在剧场门口幽暗的穿衣镜前/透过烟雾凝视着自己/当窗帘隔绝星海的喧嚣/灯下翻开褪色的照片和手迹"。还读到北岛的《牛津版序》:"现代汉语或白话文,从五四起才不过九十年,与古汉语相比,无疑是年轻的语言。现代汉语因年轻而不成熟,因不成熟而有无限发展的可能,对用它写作的人来说,可谓生逢其时。虽浅尝辄止,但我坚信,它必在我们（包括前辈和后代）的手中完成转型，达到古汉语的完美境界。"我们看到，北岛的忧时伤世与对母语的信念形成中国当代文学的基本矛盾。这一矛盾，正是中国当代文学走向世界的起点。

还有像我十分佩服的范笑我先生的动向，我就只在《开卷闲话》上能够看到。笑我先生曾是嘉兴秀州书局的掌门，卖书并不是他的特长，但他编写的《秀州书局简讯》在读书圈中可谓风行一时，洛阳纸贵。我至今保存着我所能找到的所有简讯，也有幸得到公开出版的《笑我贩书》及《笑我贩书续编》。我从闲话中得知笑我先生又自费印行了《笑我贩书三编》，感到十分欣慰。但我没有去信索取，我不是藏书家，不贪多求全。我只是希望有更多的人读到《笑我贩书》系列。

二是能得到各地书友的珍贵信息。读书数十年，书友遍天下，很多书友神交已久却缘悭一面。《开卷闲话》仿佛一个信息交流站，我一读就知道流沙河老师在第七届民间读书会上讲《庄子》，龚明德先生在责编《流沙河认字》，青年书生眉睫在研究许君远，阿滢在台湾出书，于晓明的《书脉》复刊，罗文华到南京却与《开卷》十周年活动失之交臂……

最有趣的是，我在闲话上看到我的"老朋友"成幼殊阿姨举办家庭诗歌朗诵会的盛况，立即打电话给她。时间虽已过去数月，可成老师谈及那次朗诵会依然灵光迸发，妙语连珠。二〇〇三年春天，我在台湾参加两岸诗学研讨会，有幸与成老师及才华横溢的内蒙古女诗人雪漪相识相交。二〇〇五年，我得到成老师签赠的诗集《幸存的一粟》，成老师旋即因该书而获得第三届鲁迅文学奖，成为"八十岁的诗坛新秀"。

三是能欣赏到宁文兄质朴干净的文风。黄裳在《开卷闲话六编》序中说："子聪交游广阔，消息灵通，随时着笔，以飨读者，救其蔽塞之病，功莫大焉。且取材公正，不删不减，诸家议论、风度，于只言片语中，得识其真面……此一文章体制有开山之功。"《开卷闲话》是当得上这种评价的。

窃以为,《开卷闲话》在文风中至少有两点值得彰扬,一是包容,其中异议纷呈,包罗万象。像我的文友王国华有对《开卷》及《开卷闲话》长达千言的批评,辞恳意挚,宁文兄一字不少地编入《开卷闲话》,有此等胸襟的读书人,难怪能将《开卷》做出如此气象!二是干净,毫不拖泥带水。如:"七月二十日,自牧从济南来电,告知侯井天先生昨天下午两点多去世,享年八十七岁。遵侯老遗嘱,丧事从简。遗体当天下午就火化了。自牧所编的《注聂之道——侯井天与聂绀弩旧体诗》刚刚印出。"三言两语,交代得十分清楚,所包含的信息量又是如此之大,非高明写手莫能办也。

《开卷》杂志已创办了十一年,《开卷闲话》成书已有六编。古人说,桃李无言,下自成蹊。宁文兄却如老农扶犁一般,不吆喝,不挥鞭,不觉已是田翻土浪,地涌春波。《开卷闲话》,妙在一个"闲"字,但认真读过闲话的人心里都明白,它是一点也不可等闲视之的。

二〇一一年十月五日

董宁文：一个南京人的文化坚守

萧轶

《开卷》：浮华时代的文化坚守

到了南京，年轻人往往想起李志，后来又添了一位张嘉佳；读书人到了南京，第一个电话往往拨通董宁文。一九四九年后，似乎已经很难像民国乃至古代那样，谈起一座城时往往会让一群文化人想起同一个人。董宁文做到了。十五年的坚持，一个人就像一个出版社，依靠一本一个印张的内刊，不仅集聚了中国最具知名的老一辈文化人，还参与编辑出版了因为这本刊物而衍生出来的一百多本图书。诸如："读书台笔丛"十种、"六朝松随笔文库"十二种、"中国版本文化丛书"十四种、"书林清话丛书"十六种等。他单打独斗，造就了一座城池蔚为壮观的文化景象。

在这一系列文化品牌和文化群像的背后，正是读书圈内不断提及的素面朝天的民间刊物《开卷》，如今刊物已经连续出刊近两百期了，依靠每期一个印张的薄薄厚度，囊括了国内文学界、学术界、艺术界、教育界、翻译界等各行各业数百位专家学者，读者不仅遍及大江南北，连太平洋周边国家都有它的读者身影。倘若按照时下流行的"朋友圈"概念，《开卷》杂志的"朋友圈"可谓豪华壮观：杨绛、杨宪益、黄永玉、王世襄、范用、于光远、绿原、黄宗江、丁聪、方成、周有光、黄裳、韩羽、流沙河等。他们不仅仅止步于供稿,还因董宁文的社交而串联在了一起,形成了诸如民国时代的"圈"或"派",足以载入文化史。

二〇一五年六月,我在南京中央饭店见到了这位被读书界人士争相传颂的书香义工。在咖啡走廊昏暗而暧昧的灯光下,指着隔壁的卡座向我介绍着蒋介石与宋美龄当年最喜欢坐在这里喝咖啡的景象,又指向另一个卡座谈起他和某一位文化大咖曾在这里谈天论地,还有他那永远说不完道不尽的名人掌故、书界趣闻、出版逸事……如果愿意动笔,董宁文完全可以像郑逸梅那样写下大量的文坛逸事,或者像陈巨来那样写下一本充满八卦精神的"人物琐忆"。这正如翻译家李文俊先生从"史"的角度谈论《开卷》时所说的那样:"我相信,今后有人写什么历史、传记时,说不定会从这些'闲话'里找到旁证。"

在我抵达南京的上一个月,《开卷》杂志正好举办十五周年纪念活动。"十五年,一个人,一本刊",董宁文说,"我这个人往往慢一拍,对新事物的接受比较迟钝,这也许是不被世风或潮流所左右的一个屏障吧。"当时出席纪念活动的南师大文学院教授何平说,"一个城市,不仅需要实际的景点建筑作为标志,还需要类似《开卷》这样的精神后花园"。

这一切都得从蔡玉洗先生说起。蔡玉洗先生是出版界里有魄力有影响的出版人,无论在江苏文艺出版社还是在译林出版社,他都有不俗的建树。在二十世纪九十年代末期,因工作需要,他被调到出版集团所属的凤凰台饭店担任总经理。身为文化人,即使踏入商界,也不忘文化情怀,他给商业注入情怀,也希望将出版文化资源嫁接到饭店,独具一格地开创酒店经营的新模式:在这个星级饭店中设置一个书吧,组织一个读书俱乐部,并且创办读书俱乐部的内部刊物。

在南京大学教授徐雁、南京作家薛冰和董宁文的赞和之下，于二〇〇〇年初，蔡玉洗先生将凤凰台饭店五楼近两千平方米的地方挪出用作书吧、美术馆、茶馆及英语沙龙等场所用地，成立凤凰都市俱乐部，书吧定名为"开有益斋"，沿用清代金陵藏书家朱绪曾的斋号。内部刊物《开卷》创刊号便在当年的四月中旬诞生了，意谓"开卷有益"，董宁文担任执行主编。一股"开卷"旋风随之刮起，在酒店业及文化界、出版界产生了巨大反响；《开卷》，也随之形成读书人对于南京在新时代的另一种情怀了。很多读书人前往南京，都选择下榻凤凰台饭店，拜访《开卷》杂志人员也成为在南京必不可少的事情了。《开卷》，就此在十五年的坚定从容之下，重塑了一座城池的文化想象。

著名藏书家龚明德先生曾如此写道："一个地区或城市，如果没有人在等着读南京的《开卷》，如果有见到南京的《开卷》却读不出味来或者随便看上几页就把它扔掉，就证明这个地区或城市的文化含量不达标，甚至还是文化沙漠。"一个人，一个印张，一本内刊，黑白静净，十五年来的坚持，在这个浮华躁动的年代里，董宁文与《开卷》为南京城构筑了一座精神后花园，也为南京城增添了一份雍容与文气。

黄裳最爱明孝陵

近水楼台先得月。董宁文先生因为十五年来的文化坚守，在约稿与走访的杂志编撰工作过程中，他的书房"癖斯居"积累下了大量文化老人的签名本和题赠墨宝，甚至还有一些专题式的墨宝收藏，就是专门收藏"书缘"两个字，因为每期《开卷》的封三都要刊发一幅名家题写的"书缘"。

读书人都有签名本情结，董宁文因与文化老人的交往甚多而藏本壮观，也落下了一些趣事儿。文化人喜欢文字游戏，故而在签名本上也会落下一些逸闻趣事。比如流沙河先生和黄裳先生。流沙河先生曾在"癖斯居"时，为董宁文题写了"夜陷书城"，并作跋曰："公元两千年九月十日之夜，携国梁、明德以及内子茂华访宁文之书斋，诸君所谈莫非书也，夜久竟不得出。流沙河记。"而黄裳先生重游金陵时，董宁文作陪，他从书橱里取出了一叠黄裳早年著作请黄老签名，黄裳笑称此乃"绑票"，并提笔在宣纸上写下"嬺嬛福地"四字。流沙河和黄裳先生两位"夜陷书城""嬺嬛福地"之前，都曾在董宁文的陪同下，登临紫金山。

众所周知，黄裳先生对南京城有着特别的情感。在黄裳还是学生的年轻时代，曾亡命远途，路过这座已是汪伪政权"首都"之地，自然不能不激发他作为中国人必有的感情；四年之后，黄裳先生作为记者，再次来到这座曾经走过的城市，满目疮痍的劫后景象让他刻骨铭心。再后来还有两次重要的重访，一九四九年秋和"文革"以后。这些走访都写进了《金陵五记》之中。

六朝古都，南京浸透了历史的气息，一个文人来到这座城市固然不愁吟咏的叹调。他曾说，若把关于金陵的诗篇抄撮起来，那将成为一部可惊的巨帙。不过，他却最喜欢明末清初阳曲傅青主写的《金陵不怀古》："甚是金陵古，诗人乱有怀。"然而，黄裳最喜欢的就是晚明的历史，多次前往明孝陵。

大约在二〇〇二年，董宁文邀请黄裳先生到南京一游，那时他已八十多岁了。因为司机不熟路，且又天降暴雨，而黄裳先生坚决要坐在前面的副驾驶座位，或许这就是他对重访南京之情的最佳注解吧？一路上，与董宁文聊以前在南京时的心情与趣事，也谈他笔下的周作人等。他曾对董宁文说，他觉得南京最好看的地方就是明孝陵，那是他认为最值得留恋的地方。

紫金山色调丰富，绿如涛涌，连天接地，虽离城区那么近，其幽深浑厚之气却叫人立刻可以忘却街市的喧嚣。连绵的身姿，有雄奇劲健之态，又不乏绮丽柔和；明孝陵气概不凡，沉默肃穆的甬道，总不免令人冥想前朝旧事；浓荫蔽日的石像路上，震慑人心的文官武将和温顺得很的石像石雕各具特色。斑驳的阳光穿透浓密的树叶，在石像的脸上形成迷离恍惚的光斑，令人生出莫名怅然。想必，擅发幽古之情的黄裳先生在紫金山上，别有一番滋味吧？

流沙河在紫金山：文字高手的历史想象

还有就是流沙河先生，也是文字高手，擅长文字游戏，在紫金山上也不放过机会。董宁文还特意为此撰写了一篇《流沙河在南京三日记》，记录其中的趣事。那是二〇〇〇年九月十日，下午三点，董宁文陪同流沙河前往中山陵。六十九岁的流沙河精神抖擞，拾级而上，一点儿也不显疲惫。

在紫金山上，董宁文依旧不放过"绑票"的机会，取出随身携带的四本流沙河著作请他签名留念。流沙河作为文字高手，自然不放过文字游戏。在《流沙河诗话》上的题字，记录了时间地点和一起游玩的人；在《流沙河随笔》上，则对当日游玩紫金山进行了豪情抒发："踵迹巨人，天风爽朗"；在《庄子现代版》上，流沙河发现此册已有题签，故而戏谑写道："登上中山陵，猫还是猫。"因为早在四年前，这本书上已有流沙河的笔迹："为董宁文画甲骨文之猫字。"故而，"老顽童"玩性大发，戏之"猫"还是"猫"。

还有一册《南窗笑笑录》，流沙河题道："中山陵树年年老，扫墓余郎已白头。"流沙河将原诗的"于郎"改为"余郎"，乃因流沙河先生本姓余氏。此句诗歌，原本是国民党元老级的政要而兼南社老诗人、大书法家多重身份的于右任先生的诗歌："破碎河山期再造，凋零师友记同游。中山陵树年年老，扫墓于郎已白头！"这首诗歌因《人民日报》的转载而盛名于世。但，流沙河作为饱读诗书的老辈文人，引诗改字绝非简单文字游戏。要知其中意味，不仅要了解于右任，还要了解民国艺术史。这就是民国时代由书画艺术界四大名家联袂合作的《岁寒三友图》。

一九二八年一月,于右任、何香凝、经亨颐、陈树人一起到紫金山晋谒正在建造中的中山陵墓。谒陵后,他们四人合作了数幅《岁寒三友图》,以寄高洁情操。何画古梅,经作翠竹,陈绘奇松;于右任题诗二首,其一:"紫金山上中山墓,扫墓来时岁已寒。万物昭苏雷启蛰,画图留作后人看。"其二:"松奇梅古竹潇洒,经酒陈诗廖哭声。润色江山一支笔,无聊来写此时情。"

一九三二年"一·二八"之后,何香凝约《岁寒三友图》老友,组成"寒之友"社,用写字作画来抒忧世之愤。到一九三六年,国运之危,殆如累卵。四人再度联手重新合作《岁寒三友图》二十幅,何、陈、经分画竹松梅,于右任仍旧题写一九二八年诗作。一九三六年十一月,何香凝为筹集抗战经费,在南京主办了书画义卖展览活动,世人争相购买。冯玉祥、马超俊、杨杰、梁寒操、李宗狱等人都各买了一幅;钱大钧夫人买两幅。义卖得款,连同书画展览的其他一百多件作品的笔润所得,全部捐赠给抗日将士。

一九四九年,于右任去了台湾。故土情深,他对大陆、故乡、亲人、旧友无时不在思念中,对中山陵更是无从忘怀。后来,这批《岁寒三友图》有一幅流落到台湾画市上,恰巧被于右任一朋友买回。于老不由感慨万端,想起当年和老友谒陵,又念及"寒之友"社的经、陈早逝,不禁潸然泪下,提笔补上了一个"时"字,增题了诗歌二首:"三十年来补一字,完成题画岁寒诗。于今回念寒之友,泉下经陈知不知?""破碎山河期再造,凋零师友记同游。中山陵树年年老,扫墓于郎已白头。"

后来,《人民日报》转载了于右任这两首诗,一时盛传海内外。林伯渠、何香凝、邵力子、朱蕴山、沈尹默诸老纷纷步韵奉和。林伯渠诗云:"不怕扫墓人白头,中山陵树绿悠悠。当年黄埔分明在,风雨同舟忆旧游。"何香凝以《遥念台湾》答于右任先生,诗云:"遥望台湾感慨忧,追怀往事念同游。数十年来如一日,国运繁荣度白头。"

斗转星移,岁月变迁。《岁寒三友图》与紫金山的佳话,就像紫金山之于南京城的文化想象和历史想象一样,必将继续流传。而流沙河面对中山陵,改此一字,题签留念的个中意味,想必读者自知吧?

(本文写于二〇一五年七八月间,后收入《理想书:100个人的紫金山梦想》,龚晓跃主编、袁复生执行主编,民主与建设出版社,二〇一七年四月版)

"独裁"的董宁文

董国和

一

将董宁文冠名为"独裁",因为这已经得到他的确认。确认之文名为《困顿中前行——给〈开卷〉十五年》,已收入《纸香墨润》书中。据作者王犁说:"他也谈到办刊的不易,原来的作者群大多是民国年间就接受教育的老一辈学人,慢慢地老一辈也上了年龄日渐凋零,想办好《开卷》还真得要发现新作者,把一种气息传递下去;也谈到办刊物要有点'独裁',不然就没有刊物的主见和方向,迷失在不同善意的见解里(第二二五页)。"

但"独裁"典出何处,王犁在文章未说。若想知其详细,就得先抄录《杂志的个性》,此文刊于《开卷》第一卷第八期,作者彭燕郊。抄录除了可知典之出处,又因它很好读还不太长:

"一次,闲谈中我问胡风先生,关于编杂志,鲁迅先生谈过些什么?我这样问,是因为我觉得胡风先生编《七月》,和鲁迅先生当年编的《萌芽月刊》《奔流》一样,很有个性,他们很可能谈过这方面的事。胡先生说,鲁迅先生说过:'编杂志就是要独裁。'

"独裁，就是一个人说了算。一份杂志，如果由几个人主持，有几种不同想法，就很难编出个性，而没有个性的杂志，也就很难在众多的同类杂志里有立足之地，虽然还是在勉强出下去，却产生不了影响，可悲地存在于可有可无之中。

"这叫我想起今天的大型文学杂志，少说也有十几家吧，每期几十万字，无一例外的都是以小说为主，散文只是点缀，剧本极少采用，诗，同样不受重视，甚至有从来不刊登诗的。难怪有人说，这些杂志的封面，可以互相调换，反正内容差不多。还有人说，既然这样，何必办这么多大型文学杂志，有一两种就够了。

"独裁的意思，还可以理解为有主见。主持一个杂志的编务，应该有个想法，有个追求：一定要把它办成与人不同的有自己的特色的杂志，而不是一味随大流，跟别人学。不过，这样做，就要求编者对'为什么'要办杂志，甚至杂志'是什么'有自己的想法，事关个人的学养，可又更不是一件轻松的事了。"

陈辽说《开卷》有些文章可以入史，可能就包括"编杂志就是要独裁"这则难得的鲁迅语录。而《开卷》之所以能成为奇迹，也正是董宁文"独裁"的结果。既然"独裁"者须有主见还事关个人的学养，那就得先说说董宁文这个人，这也是做事先做人的道理。

查百度，没有董宁文的履历，但有了那么多写他的文章，只要将其中的一些点滴资料拼凑起来，就能有个大概的轮廓。在《我的开卷》《纸香墨润》两本书中，也收有这样的文章多篇，先看黄岳年在《一生的幸运》中所言：

"书真多，四壁顶了天。因为是新搬来的，所以井然有序（《我的开卷》第六十页）。"

对此，伍立杨在《开卷闲话七编》序文中说："如今他在南京郊区建有藏书楼，藏书巨万，书香袭人，花木扶疏，绿荫匝地（《开卷闲话序跋集》第一五〇页）。"

腹有诗书气自华，他藏书巨万，自然是饱学之士，其学养自不待言。再看刘春杰在《〈开卷〉不易》中的如是说：

"我佩服宁文兄，他在与文化事业一百竿子都打不着的本职工作之余，编了《开卷》，且声色俱全，如今已编了一百多期。每月一期约稿组稿，编辑校对，邮寄样书，宁文兄骑着一辆破旧的自行车，为了一本不大的刊物，穿梭在南京的大街小巷。"

他还说："据说宁文在他饭碗所系的单位里也是名小干部，但我眼里的宁文，是主编了《开卷》的宁文，他的单位身份已变得很不重要，他成就了《开卷》，《开卷》也赋予他丰厚的内涵（《我的开卷》第七十页）。"

王心丽的《有一种坚持叫恪守》，说的则是另一种情景："有一阵子，我想学习做书，曾和董宁文一起到排印公司，一起到印刷厂，观摩他工作的全过程。休息天的上午、下午都在印刷厂的排印车间，午餐就在外面简单对付了。这对我来说是一两次，对于他来说是八年。董宁文住在城南，印刷厂在北，一个月他总要去几趟印刷厂，往返城南城北。遇到本职工作分不开身时，他总是夜里到印刷厂加夜班。南京的夏天闷热难耐，南京的冬天阴湿寒冷；一个人上有老，下有小，不做琐碎的小家务，还会有一些非做的大家务；人食五谷，哪能没有病病痛痛……这些都因'恪守'而必须克服（同上，第七十二页。）"

徐明祥在《我与〈开卷〉和〈开卷闲话〉》中说："这位生于一九六六年的与我同龄的爱书人，干过多种行当之后，终究还是在南京从文了，可见'宁文'二字名副其实。尽管至今他仍不属于凤凰出版传媒集团的编制内员工，他这种自由让他自得其乐（同上，第七十六页）。"

刘二刚的《〈开卷〉与董宁文》描述是："他圆头圆脑，装着智慧，眼睛不大，目光敏锐，嘴不伶俐，包含着修养，腰背不挺，背负着责任和学问。"

"我曾为他写过一幅《孔融与祢衡忘年交也》。意在以才识相契，我说这些年你积累了一份无形的宝贵财富，令许多人羡慕。这当然可以从两个方面看，一是宁文是有心之人，有城府，他积极去找老先生有生之年的经验之谈，巨细不漏，旁征博引。与老先生交是要有耐心的，且老先生各个性格不同，不同的性格都能打上交道确实很不容易。二是老先生看一个陌生的小青年（当然现在他已届不惑之年了）他会不但看你的水平，还看你的德行，他们也不是随便地与你消耗时间的。这就要谦虚、谨慎、戒骄戒躁，才能赢得老先生的信任。我说的老先生在每期《开卷》的封二上都有宁文拍的照片，都是当今文化界一流人物。这也说明宁文的远见。不是吗，八年来，好些老先生已先后作古了。也可说，宁文做的事是其他青年难做或做不到，或马虎了事的（同上，第一一四页）。"

再看《纸香墨润》书中的相关记述。苏斌在《〈开卷〉有益》中，写有董宁文发给他的短信："看了你的书（指拙著《听风楼散叶》），方知我们曾在皖南山区的同一个部队服役，你好像是在'四〇七'，我在'四一一'，放电影，搞宣传。虽时间有先后，但我们真可算是'同一个战壕里的战友'。（第十二页）"

杨建民在《印象〈开卷〉》中，写的是董宁文退稿："《开卷》办得好，办得读书人叫好，编辑的识见就自然呈现其中。可'担当'呢？一次大约是读一个访谈，宁文先生谈及一位名家给他一稿，是与他人论'是非'的，指明要求《开卷》发表。这样的文章，宁文先生不主张发表，这与刊物宗旨有冲突。对方坚持，可宁文先生终于退稿。笔者觉得这就是敢担当，为刊物，不怕得罪'名家'（第二十三页）。"

吴心海的《两代文缘话〈开卷〉》，其中说了董宁文是如何古道热肠："为了编辑先父的纪念文集，我首次直接和董宁文取得联系。宁文兄很热心，提出可协助约稿并编辑先父的纪念文集。后来因何永康教授联系南京师范大学出版社落实了先父纪念文集《别：纪念诗人学者吴奔星》的编辑出版事宜，宁文兄的好意只能心领，但他寄赠的为赵瑞蕻编辑的《开卷》专辑《多彩的旅程》，则给我很大的启发，在纪念文集的编辑过程中起了很大的参考作用。这一点我一直铭记在心，但尚未对宁文兄当面提及（同上，第一一一页）。"

彭国梁在《说说董宁文》中写道："《开卷》杂志创刊，董宁文任执行主编。当时的董宁文，三十刚刚出头，没有大学文凭，也没在哪一个文化出版单位任职。他好像是在一个工厂上班，杂志的主编他算是兼职。但是，他喜欢书，只要与书和书人相关的事，他都乐意去做。办杂志，特别是办一份与读书相关的杂志，那简直就是他梦寐以求的事了（同上，第一七六页）。"

在《与〈开卷〉相关的零碎记忆》中，薛原写了他们的一次交谈："记得有次与徐雁、董宁文谈起编书约稿的话题，谈到一些老先生的不易打交道，我感慨说，若换了我，我宁肯不做，也不会再登门看老先生的冷脸。徐雁兄打断我的话说，这点就说差了，你想想若不是有宁文兄这样委屈自己再三再四地一次次登门，这些老先生怎么可能留下这样的墨迹！徐雁兄谈到一位当时已经成为海内外'显学'的大学者，正因为有董宁文的再三恳求，才写了一幅书法。这位学者的正规'墨宝'留下的很少。董宁文对此只是笑笑。董宁文对许多话始终报以'笑笑'，这也成为他留给我的深刻印象标记。《开卷》现在的主办方已经从最初的南京'凤凰台'，之后的'卧龙湖'，再到现在的'问津'，这中间的波折与苦衷，董宁文兄当有无尽的可说与不可说，但不管怎样，他当是在泪与笑的执着中做他的《开卷》梦……（第二六六至二六七页）。"

再读其他文章。张宗刚在《为书香社会打工的董宁文》中说："董宁文是个经历丰富的杂家，工农商学兵诸行当，他似乎样样干过，可贵的是久经红尘历练，宁文却始终心性清澈，与浑浊无缘（《名流周刊》二〇〇六年第三期）。"

俞律在为《开卷闲话七编》所写序中说："《开卷》执行主编董宁文是我的忘年交，二十多年前他是个翩翩少年，爱画中国画，时常持作品到我秦淮河畔寓所给我看，我许以有成，有时还题几句话勉之。"

子张在《〈开卷〉和〈开卷闲话〉》中说："我和《开卷》结缘已有四年，但直到今年春天，才见到了来杭州开会的编者宁文先生。淳厚朴实，文质彬彬，谈吐清雅而爽然。说到《开卷》的将来，他似乎胸有成竹，有做不完的事要去做。"

王辛笛在《人缘与书缘》序文中说：他"结交天下文人学士，成绩斐然可观"。又言："广大读者得以通过宁文的知人论世，获得不少教益。"

关于他的著作，除了熟知的《人缘与书缘》,《开卷闲话》一至十编，从孔夫子旧书网还搜寻到一本《金色的早晨》，出版时间是一九九五年。据此，他的小传就可以这样写："董君宁文，祖居南京，生于丙午，少年聪慧，长成优佳。从军行中，大开眼界，在单位里，初显才华。善丹青，懂书法，精摄影，尤通文道。藏书过万，自号癖斯居，今改开卷楼。现为《译林书评》和《开卷》编辑，已出书十多部，编书近百种，自称一个人的出版社。被聘为《博览群书》名誉编委，在士林中广有人缘书缘。"

说到他广有人缘书缘，因待人接物颇具古风，又天生福相，也就老少皆宜。在我看来，他不仅是凤凰读书俱乐部的形象大使，还是《开卷》不在编的代言人。何有此称？众所周知，在读书人中，老一辈的称他为小友，与之相近者都尊之为兄；除此共识，在温州民间读书会期间，还与他有过几天的亲密接触。

所谓亲密接触，就是因按姓氏排序座位，我与他同坐一桌。有此之便，又见他待人诚恳，可信可交，自然就无话不谈，还将"朱信"之事一吐为快。有朱亲笔信在，他对"为了证明我说得不错，今将《前线》上那篇《从长夜唱到太阳升》的第一页，复印了奉寄，请替我看看文中有没有'西藏'二字，是不是副标题上就有此二字"中的"复印"件，竟然是由我寄给朱，并据此来"用其矛攻其盾"的经过，终于清楚其中原委，但也只是"笑笑"。这"笑笑"之意，除了有可说和不可说的原因，还有"录以备考"，方可知其为人的深意。

董宁文微笑的独有魅力，我笔笨词拙，难以形容，但确实感到他无声的亲切和无言的温馨。现在有了新创"暖男"一词，觉得就是由他的微笑捕获了灵感。由此，再品悟薛原那句话的深意，就有了更切实的体会。当有些话"不能说或不可说"时，用笑笑来化解双方的尴尬，就是最好的方式，这也是形象大使必须具有的特殊才能。由此可以说，刊帅蔡玉洗的选择，真是独具慧眼，这也是董宁文在跟随他多年中所悟得的真传。

欲说真传如何悟得，先抄录《开有益斋闲话》中的一则记述："五月十三日下午，蔡玉洗在沈建中的陪同下拜访了黄裳先生，再次提到请黄先生为《南京情调》一书作序之事，因此前该书责编张昌华曾写信给黄先生索序，黄先生说关于南京他已写了不少文字，似乎已没什么可写的了。此番再说起此事，黄先生仍然是这个意思。经沈建中从中斡旋，黄先生应允了作序之事。五月三十日，黄先生写了一篇八百字的精短序文，并先期在《文汇读书周报》发表（第一卷第三期）。"

精诚所至，金石为开。假如没有蔡玉洗亲自登门，又再一次表达诚意，恐怕《南京情调》一书，就无此序为之增色了。董宁文作为陪同者，目睹了这一幕，刊帅的这种执着精神，在感动之后还予以记录，他自然会从中有所感悟，这就是师承。但执着也须有度，对此，他们做得都恰到好处。且看刊于第二期的这则记述：

五月二十一日十七时零分，著名的社会活动家、中国佛教协会会长赵朴初先生在北京去世，享年九十三岁。今年初，凤凰读书俱乐部曾拟请赵朴初先生为"卄有益斋"题写斋名，因赵老当时住在医院，就没有贸然打扰，不承想我们的这个美好愿望竟在短短的数月后成了一个不可弥补的遗憾。

再看刊于第五期的这则记述:"在季羡林的书房,季先生仔细地翻看《开卷》后说,这本小册子不错,很有些意思。季老前些天刚从医院回来,身体较为虚弱,可他还是执意走到另一书房,用毛笔为本刊题词:'天道酬勤,勤奋是成功之母。'"《开卷》在第二卷第二期封三,刊出季羡林的一幅手迹:"宠辱不惊,去留无意。"所署日期为一九九九年十一月十五日,由此可知两人的交往之勤。

交往之勤的文章,还有收入在《人缘与书缘》中的《天道酬勤——记季羡林》。从文章中可知,为《译林书评》刊名题字者就是季羡林,而他就是由编辑此刊,与季老成为忘年交。知此,即知俞律序言中为何说"而后来他更热衷于文学,从玉洗兄编了这本十分有益于世的小刊物。奋斗于文艺的子聪成了不要头衔的实际上的编审级人物"了。假如没有蔡玉洗的任人唯贤,他也许就没有与这些大师们交往的机会;话又说回来,假如他没有形象大使的天赋,蔡玉洗也不会让他去"独裁"《开卷》。黄裳重访金陵时,更不会派他去做导游。

《黄裳重游金陵散记》,收于《人缘与书缘》第二辑。在结尾处他写道:"临走时,黄先生送了两本签名本给我。"由此可证,他这个导游已经得到了认可。但散记中的这段记述,则更发人深思:

晚七点半,我将黄先生引至五楼英语沙龙,饭桌上我告诉黄先生有一些读书人想拜见先生,人已在五楼下等候。他说不去了。他女儿说,人家已在等了,不去不好。于是我说只停留短暂的时间无妨的(第一三七页)。

这些在楼下等候的几位读书人中,其为首者就是饭店经理蔡玉洗。客随主便,黄裳重访金陵是经蔡总邀请而来,按说他如想会见客人,无须在楼下等候通报。由此可见,他对老一辈文化人是何等的敬重;而从他亲自送客抵沪之行的关切中,也让董宁文受益良多。师父领进门,修行在个人。正是有了他编《译林书评》的兢兢业业,有了迎来送往的众多口碑,又有了组办各种会议的出色表现,在《开卷》平稳运行一年之后,刊帅才放手让他成为《开卷》的"独裁"。用人不疑,疑人不用,由此也反映出刊帅的领导作风。

"独裁"后的《开卷》有目共睹,也得到众多读者的百般呵护。但在谈论《开卷》时,却很少关注董宁文迎来送往的奔波,组办各种会议中的辛苦。由此,有心人的记述尽管是点到为止,读来却更让人为之动容:

> 四月四日自助餐毕,聚于"开有益斋"书吧,书友们聊天依旧,话题自然离不开书人书事。此乃每次读书人会议之惯例。我见宁文稍显疲态,毕竟四十多岁了,张罗会议之前期准备极伤神,我劝他会后大睡两天。

此则日记刊于《开卷》第十一卷第六期《闲话》之中,作者陈克希。他自号旧书鬼,其眼光不仅对旧书鬼毒有加,阅人识事更是洞若观火,有此,才有了这极为难得的一幕。

如果细翻《开卷》,董宁文在此期间所组办的会议,最早应当是《南京情调》品评会。第一卷第七期《闲话》虽有记述,但简略只有一句:"在九月十五日下午于凤凰台饭店开有益斋举办的《南京情调》新书品评会上散发的江淮客《旧京—江乡—六朝诗国——〈凤凰台丛书——南京情调〉三昧》一文,已在《深圳特区报·读书专刊》(九月二十四日)上全文刊出。"若想领略他的主持风采,那就得仔细品读《人缘与书缘》中的《众口评说〈笑我贩书〉》了。

"各位来宾,晚上好!欢迎大家来参加《笑我贩书》首发暨凤凰台之春品书会,首先请允许我介绍今天出席品书会的各位来宾。"介绍从省作协副主席赵本夫开始，至南京大学书评专业的十余位同学止，"其他在座的我看不清，恕不一一介绍了。"其风趣幽默之风格，于此可见一斑。

此为开场白。待蔡玉洗介绍完此书的前后出版情况，在请下一位时，他说："崔馆长对这本书的出版起到了不可低估的作用，下面就请崔馆长谈一些想法，想必对大家会有所启发。"以后在请各位代表发言时，他都根据本人的职务与特点，做了画龙点睛的介绍，使与会者有了仔细倾听的兴趣，也给会议增添了欢快的气氛。最后会议结束时，他的一句"由于时间关系，加上在座的还有老人"，也留下余兴未尽的感觉。由此可知，他的主持风格与《开有益斋闲话》一样，也有独特的魅力。

如细品《人缘与书缘》中的《京城访问小记》，还可以感受到他的采访魅力，与之相伴的还有匆忙和辛苦。"上午九时左右到芳古园范用先生家因电梯停开，只好从楼梯直上十楼，当爬上十楼，楼道门却被锁住了。这时，听到楼上有收音机播放的声音，遂上楼请主人打了一个电话给楼下的范用。范用接电话后打开了锁住的楼道门，说是不锁小偷会进来的（第一七七页）。"此行他还访问了王世襄夫妇、周有光夫妇和叶至善先生。此中的辛苦如何，真是可想而知。

"闲话"中这样的奔波，多得真是难以逐条摘录。有的所谓"本刊派人"云云，其实大多指的是他自己。这样低调处理，其人品与文格，也就无须多言了。

从二〇一〇年七月三十一日到八月五日的访问，他简直就是马不停蹄地奔波。第一天他去协和医院看望了范用先生，当晚，与唐吟方、卢为峰二先生相晤。第二天去看望吕剑、赵宗珏夫妇；第三天上午看望了吕恩先生，"十时许，拜访同在方庄的成幼殊、陈鲁直先生。中午访李文俊、张佩芬先生。下午看望高莽先生，晚与吴岳添夫妇、颜子悦夫妇小聚"。第四天上午，与于晓明同访黄宗江和姜德明先生。"晚与孙卫卫、安武林、李世文、张彦武、绿茶、丁杨、陈品高、陈远和止庵小聚,所谈无非书人书事也。"

第五天下午,冒雨访傅惟慈先生。四时许,与于晓明一道去看望周有光先生,晚上与汪家明先生小聚。最后一天,去通州看望黄永厚先生,幸遇西安的雷电先生,晚又与宏泉先生相晤。尽管如此,他却乐在其中,"开有益斋"为何能"群贤毕至",这就是答案。

此外,《开卷》封二、封三为何能刊那么多名家的肖像和手迹,其答案也源之于此。且不说他摄影技艺是如何的精湛,只说它们的极为难得和数量之多,就让许多专业人士都难以望其项背。

诚如刘二刚所言,与文化老人打交道并不容易。除了有真才实学,还得有谦虚诚恳的态度,更不能少了暖心宜人的亲和力。前两条他不仅全都表现出色,后一条亲和力则更胜人一筹。何以为证,且看杨苡写在《雪泥集》上的题词:"跟小友聊天是一乐事!"就可举一反三。此书为采访后所获赠品,时在二〇〇一年二月十一日,也出自《人缘与书缘》中的《癖斯居日札选抄》。由此看来,他这个形象大使是何等的出色和称职,已无须多言。难怪刊帅观察还不到两年,就放手由他来"独裁"《开卷》了。

那么,刊帅为何能任人唯贤,他又是如何来"独裁"《开卷》的呢?

二

《开卷》在创刊之初,执行的是主持人制,这只要重翻一下它在目录上所公布的编辑名单,就可以尽知其详。

先看第一卷。创刊号执行主编为董宁文,美术编辑张弓。编委共十二人,他们是:万宁、王振羽、江锡铨、张磊、张志强、赵允芳、徐雁、徐雁平、钱军、董宁文、蔡玉洗和薛冰。第二期执行编委五人:徐雁、徐雁平、董宁文、蔡玉洗和薛冰,美术编辑为弓子,篆刻为马士达。第三期四人：徐雁、钱军、董宁文、蔡玉洗,美术编辑为弓子,篆刻为马士达。第四期四人:王振羽、钱军、董宁文和蔡玉洗。第五期五人:江树廉、徐雁、董宁文、蔡玉洗和薛冰。第六期五人:江树廉、徐雁、徐雁平、董宁文和蔡玉洗。第七期五人:江树廉、徐雁、徐雁平、董宁文和蔡玉洗。第八期四人:江树廉、徐雁平、董宁文和蔡玉洗。第九期四人:江树廉、徐雁、董宁文和蔡玉洗。

再看第二卷。第一期执行编委为钱军,执行主编董宁文,封面设计速泰熙。编委为十一位:万宇、王振羽、江树廉、张志强、赵允芳、徐雁、徐雁平、钱军、董宁文、蔡玉洗和薛冰。第二期执行编委徐雁平,其他人不变。第三期执行编委万宇,第四期薛冰,第五期王振羽,第六期徐雁平,第七期徐雁,第八期钱军,第九期徐雁平,第十期薛冰,第十一期徐雁,第十二期钱军,其他人均未变。从第三卷起,主编为蔡玉洗,执行主编为董宁文,装帧设计为速泰熙。

由此可以看出,他由执行主编到"独裁",经历了不到两年的时间过渡。对此,因有些人不太清楚,在纪念文集《纸香墨润·编后记》的开篇,董宁文就特意作了如下说明:

回想创刊前后那段温馨而又充满书香意味的日子,着实令人回味绵长。那段时间,玉洗、止水、秋禾、子聪等五六位或七八位朋友常常在开有益斋碰头,筹划《开卷》创刊的设想、作者名单、刊物定位、稿件组织、活动开展等诸多话题。除此之外,也往往兴之所至,畅聊书人书事、读书感悟、淘书所获,抑或趣闻逸事,其乐也融融,其兴也勃勃(第三二四页)。

这些设想以及碰头会的情景,在创刊号的《闲话》中已有记述,因在前一章《刊帅蔡玉洗》做了摘录,此处不再赘言。除此之外,薛冰在《〈开卷〉五年记》中,也说出其中的一些原委:"创刊之初,因为外界对《开卷》尚不了解,联系作者与组织稿件难度相当大，全靠编委们通过以前的老关系做工作。大家凑出的作者与读者名单，很快集成了厚厚的一叠，没有谁将自己掌握的文化名人通信录视为私产秘而不宣。许多读者收到《开卷》创刊号时颇感意外，及至从编委名单或开有益斋闲话中看到自己的旧友，才恍然大悟。这批最初的读者中，很多都成了《开卷》的骨干作者和积极支持者。许多热心读者将《开卷》推荐给自己的朋友，如滚雪球一般，使《开卷》的读者群迅速壮大……《开卷》第一卷中，因为外稿尚少，用编委的稿件相对多些，从第二卷起，编委会就明确规定，尽量多用外稿，少用编委的稿件，以利于扩大作者队伍和社会影响……同样，从选编出版《南京情调》开始，编委们无不做出无私奉献，有的提供多年珍藏的资料和图片，有的不辞辛劳钻故纸堆搜寻资料、考订故实，有的精心编订文稿，选配插图。每个人都为了事业的发展出谋划策。无论谁有了什么好主意，都会得到大家的欣赏鼓励，补充完善，不少事情就是这样做起来的（第六卷第四期）。"

这种出于刊物定位和外稿尚少的情景，从创刊号所发八篇文章内容来看，所言确实不差。八篇文章分别是：蔡玉洗的《缘起》、秋禾的《南京历史上的开有益斋》、子聪的《开有益斋闲话》、知日的《五堂小记》、雷雨的《奇文共赏（一）》、止水的《淘书札记（一）》、伍立杨的《夜读小札》、徐雁平的《纸香墨润，名人手札影印本》。八位作者除了伍立杨，均为《开卷》编委。八篇文章除了《缘起》为发刊词，其他所言均是书人书事，这就为《开卷》确立读书杂志的刊物定位，起到了很好的示范作用。

凤凰台饭店内设开有益斋，由秋禾介绍《南京历史上的开有益斋》，自然必不可少；开有益斋内设五堂，由知日来撰写《五堂小记》，更是应时之作。子聪的《开有益斋闲话》因已成看家品牌，创刊至今，有人每期都是先睹为快；徐雁平的《纸香墨润，名人手札影印本》，虽非盛世危言，却为收藏者开启了新的门窗。雷雨是南京评论家协会副主席，他的《奇文共赏》下笔风雷，煞是好看；止水为夫子庙常客，其文《淘书札记》令人绝倒，所获也令人垂涎，再加伍立杨发人深思的《夜读小札》，它的出世，让读书人为之惊喜，在争相传阅中也不胫而走，再加上十五年的苦心经营，就赢得了民刊翘楚的美名。

子聪就是董宁文，这个笔名的灵感，据说还是由他儿子聪聪的小名得来的。雷雨是王振羽的笔名，他的《奇文共赏》和止水的《淘书札记》因是固定栏目，连发九期也就是发了整一年。止水是薛冰的笔名，李福眠在《〈开卷〉书虫》中，将他和徐雁并排而列："止水薛冰和雁斋徐雁，莅沪淘书，我多叨陪（《我的开卷》第一〇五页）。"《秋禾书话》问世后，徐雁这个笔名已人所共知，两名交替使用，以示他的写作之勤。徐雁平行不更名，也就无须多言，知日（知日为张志强）虽难知其详，但从《五堂小记》的内容来看，应非外人供稿。

第二期共有文章十篇，前五篇作者分别是于光远、姜德明、陈子善、龚明德和汪义生，外稿占了整一半。内稿新作者是万宇和钱军，其他三位均为固定栏目作者。此后外稿逐渐增多，它的影响也逐渐扩大，到了第三卷由董宁文"独裁"时，那就是天下谁人不识君了。

现在再回顾《开卷》的成功经验，有三条最为重要。一是刊物定位的确立，这取决于刊帅的见多识广；二是编委的同心协力，这取决于刊帅的用人有方；三是选定董宁文为执行主编，这取决于刊帅的任人唯贤。而由执行主编过渡到"独裁"，刊帅则是出于两点考虑：一是他已负责编辑《译林书评》，再独编《开卷》怕担子太重，不想再加此压力；二是两刊性质不同，在如何把握上，得有一段历练的过程。经过近两年的历练，他不仅完全能够胜任，还游刃有余地乐此不疲，当然就放手来由他能者多劳了。正是有了这个决断，才为《开卷》的辉煌打下了坚实基础。那么，在这段历练的过程中，他都发挥了何种作用，而赢得了编委们的一致认同呢？《人缘与书缘》中的《癖斯居日札选抄》，正好是二〇〇一年的日记，从中也可略知一二，就将它们分门别类地选抄如下。

一、编刊选稿："主要谈及了巴金及有关她已写的关于《雪泥集》的一个说明，这篇东西约好三十日去取，拟发在《开卷》第二期上（第二〇五页）。"这则去杨苡家拜访的日记，写于一月二十三日。到了一月二十五日："收到沙白短信及《六十五年前南京的诗歌活动》一稿。""收到沈建中的《海上书斋及其他》一稿，拟在二月《开卷》上用（第二〇六页）。"一月二十八日："晚上着手编第二期《开卷》（第二〇五页）。"一月三十日："上午与徐雁平在书吧见面，将第二期《开卷》交他处理，让他十天后拿出二校（第二〇七页）。"

此后，收到沈立人和汤伏祥各一稿，未说拟用。二月七日，"收到来新夏短信及一篇谈随笔的长文，说可否在《开卷》上用。我以为此文太长，待他日再与来先生商讨如何刊用。收到车辐的一篇写他名片的短文。收到江树廉写冰心关于一稿多投的短文《冰心的品格》，拟在下期《开卷》上用（第二一一页）"。

二月十一日，"另外我还拿了高晓声一九九〇年九月十七日和一九九〇年七月三十日两封写给杨苡的信，拟在第三期《开卷》上发表（第二一三页）"。

拟发表的稿还有：彭燕郊的《小说里的性爱描写》《再谈小说里的性爱描写》，谷林的《老僧录存的居士诗》，绿原的《为"我的书房"答董宁文》和《多舛的编辑生涯》；未表态的有：《方方的提醒》《丽江宣科》，文先国的两篇短稿，古远清的一篇，钦鸿的两篇编后记，许觉民忆巴人文，伍立杨的短稿，金性尧的《小柬》，车辐的《乌衣巷》等。

二、跑印刷。二月七日，"晚去新华厂取回《开卷》二期二校样（第二一一页）"。二月十三日，"上午去新华厂为

《开卷》第二期定版式（第二一四页）"。"下午去新华厂为《译林书评》定版式（第二一四页）。"二月十五日，"下午去新华厂给《开卷》第二期定稿付印，之后去给《译林书评》定稿（第二一四至二一五页）"。三月十二日，"上午去新华厂给《开卷》第三期定稿并付印（第二二二页）"。三月二十五日，"去人民印刷厂取回两本刚装订好的《开卷》第一卷一至九期合订本，精装效果不错。晚看赵瑞蕻纪念集校样（第二二四至二二五页）"。四月六日，"上午在新华厂为《开卷》第四期定稿（第二二六页）"。下午至傍晚接待记者，晚参加《开卷》编委会。四月十二日，"《秀州贩书记》稿交新华厂排印（第二二六页）"。

三、评封面。一月二十三日，"大年初一上午去凤凰台取到第一期《开卷》，封面设计很刺眼，一位服务员说不如以前的好，一位说很好（第二〇五页）"。去医院看望章品镇，"章对新封面极不喜欢（第二〇五页）"。二月十二日，"收到姜德明短信，谈及《开卷》今年的封面设计，姜先生认为淡淡总比浓黑好（第二一四页）。"有此，三月十二日，"下午去找速泰熙、沈瑞聊了一会儿（第二二二页）"。聊些什么虽未透露，但肯定谈到《开卷》的封面设计问题。这样说当然有据可查，那就是从二〇〇二年第五期开始，《开卷》的封面就改浓黑为淡淡，不再那么刺眼了。遇事协商，坦陈己见，从这件小事上，也体现出他编刊中的为人与作风。

《癖斯居日札选抄》到四月底止，在这九十九则日记中，除了以上三项选抄，还可以看到他接待于光远、戴煌和来新夏的快乐，接听各种人士电话的频繁，收寄书刊的匆忙。当然，他也有少许与家团聚的记述，如为儿子聪聪过生日和陪妻子阿平出游。但如与为《开卷》的付出相比，那就显得有点太不对称，甚至还觉得少得可怜。由此，即知为何龚明德撰文称他是书香社会的"义工"，刊帅蔡玉洗为何决定由他来"独裁"《开卷》。

其实，他的所谓"独裁"，只不过是在组稿、编辑和寄送上的任劳任怨,遇到重要的事情,都与蔡玉洗和编委们进行协商,从不擅自做主,更不独断专行。

何以为证?先看《癖斯居日札选抄》中的这段记述:"约六点到凤凰台与老蔡谈拟以《开卷》增刊的形式出纪念集,他首肯可做(第二二〇页)。"这则日记写于三月四日,他是"下午如约去杨苡家商谈赵瑞蕻纪念集的事情"之后,又来找蔡总由他定夺。吕端大事不糊涂,对此,他也颇有古贤之风。

再看他的夫子自道:"记得在七八年前,有一位熟识的知名学者写了一篇比较有刺的文章指名要刊登在《开卷》上,因为他知道他文章中所刻意批评的一位名家是能读到的。我们当时的编委会对这篇文章很重视,大家商量后决定不宜刊出。这位作者非常有意见,还托人多次催促,最终还是未刊。那位先生后来对我们非常有意见,至今都未释怀(《开卷闲话序跋集》第二一三页)。"

有此夫子自道,是因《时代周报》记者李怀宇追问:"《开卷》的选稿标准是什么,用稿中有什么印象深刻的故事?"他才有此回答,否则,也许就永远不为外所知了。他用稿选稿自有主见,但有时由编委会商量后决定,表明这"独裁"不仅非常有分寸,更不任性胡来。至于对用稿选稿尺度的把握,他也给出了明确的答案:"我不太愿意用锋芒毕露或太有刺的文章,但如果是对《开卷》进行批评或者提出不同意见的文章,我总是照登不误,这样不至于在刊物上总是一个声音(同上)。"知此,即知选抄中那些未表态的文章,不是有待编委会商量后决定,就是不适合这个标准。清楚了这个标准,也就知道《开卷》能平安无事的奥秘。

此外,关于组稿原则和关于发稿的水准,王理行在"《开卷》两周年座谈暨范用方成与读者见面会"上的发言,也为他提供了很好的建议:"《开卷》两年来在总的风格上形成了一种'气',即传统文人精华之气,这种气自五四以后,直到现在的商品化社会,可谓越来越弱了,在这个意义上来说,《开卷》延续了这种'气',可谓功莫大焉。关于关系稿,我以为应降至最低程度,稿件选择一定要有自己的标准,《开卷》不用的稿件不一定不好,也许在其他地方可能发头条,可对我不合适,就不用。另外,作者的地域、年龄层次都可以变,但选稿标准,即与传统文人精华之气相融的标准,却不能变(《开卷》第三卷第五期)。"

对于批评《开卷》的来信能够照登不误,除了不至于总是一个声音,也与他真正的"独裁"大有关系:"起先的十余期'开卷闲话'里面有不少是众编委的集体创作,也就是徐雁、薛冰、徐雁平等人想到就写的一段段文字,后来逐渐就由我一人操刀了(《开卷闲话序跋集》第二一三页)。"

在《〈开卷〉五年记》中,薛冰也说到这一点:"早期的'开有益斋闲话',也是集体创作的产物,徐雁一再呼吁每位编委每期至少要提交二则闲话,他自己身体力行,每次审定稿件时都有稿交来。临时想到什么,他就撕开旧信封,甚或裁下报纸边写一条。这些纸条也许不会保存下来,但他伏身小茶桌埋头书写的影像,我永远不会忘记。"

在此文中,薛冰还说到更重要的一点:"就在我们的身边,一个又一个文化刊物,或停刊、或易帜。论其原因,经济压力恐怕还不能说是第一位的。首先承受不住清贫的未必是刊物,而更可能是办刊物的人。"有其人方能有其事,我不厌其烦地介绍刊帅和董宁文的"独裁"由来,原因就在于此。清楚了这一切,再来说《开卷》的刊魂,不仅有章可循,还不觉得唐突。闲话打住,这就从它的见识与雅量开始说起。

二〇一九年六月十九日修订完稿

从《开卷》到《宁文写意》

王犁

提起董宁文（子聪），喜欢读书的人都会有印象，作为资深编辑策划过太多前辈学人的著作，一本小小的不公开发行的《开卷》，办得风生水起有声有色，后来慢慢知道他靠长年累月实实在在的工作累积起来的大名。就那本《开卷》，虽然知道没有了也无关要紧，时间久了也变得不可替代。正是这样长年累月的印象，原来以为子聪如他来往的朋友一样都是七老八十的老辈先生，为他人做上好的嫁衣之余，在《开卷闲话》的絮叨中享受阅读的快乐。从耳闻到见面，原来长不了自己几岁，就开始称其兄道己弟起来，精干、实在、谦虚、热情和略带口音的普通话，聊上几句就知道，是一直会交往下去的朋友。

最近又收到他的《宁文写意》，才知道宁文在为人做嫁衣之余还操持笔墨。在古代文人画画是常有的事，画是诗之余，故会出现元代以来的文人画高潮，董其昌的"南北宗说"，更是把"水墨为上"的文和画搅拌到难分难离的审美高度，苏东坡的"论画以形似，见与儿童邻"与倪瓒"仆之所画者，不过逸笔草草，不求形似，聊以自娱耳"，更是让人误解古代文人画只求气韵品位不求对象造型，以为降低了专业的技术门槛，谁都可以施展一下拳脚。读苏东坡《书鄢陵王主簿所画折枝》全诗，发觉东坡居士说的不是那么回事，再看留存的作品《枯木竹石图》（传），没有点手段还是不会随意说话的，倪高士笔墨精妙清雅绝尘独创平远之境就更不用说了。到近现代毛笔慢慢退出常规书写工具，时至今日硬笔书写都是一件奢侈的事情，文人参与书画肯定是个人兴趣使然了。近年也有作家开始舞文弄墨的迹象，但与古代提倡的"文人画"没有太大的关系，实际是以文人的身份来画画写字罢了。民国过来有张宗祥、台静农、饶宗颐等学术文章，书法本来就是一等一的角色，偶弄砚田剩墨饶有趣味，承文人画余绪；到汪曾祺、高莽等，或文人心性，或西画速写，作文翻译之余真正是聊以自娱，为相知相识者喜好，或插图译作，让没有去过俄罗斯的国人，一睹异域风情；到冯骥才、贾平凹等本来也是写作之余的兴趣爱好，被市场所裹挟，大有停不下的趋势，到底还是一线作家，肯定有其独到之处；海外如高行健抽象水墨，形而上为之道了，还得等到"诺奖"，救活台湾一家囤货的画廊；比较肯定麦家在《南方周末》上劝荆歌少画画多写作，本来并不太看好麦家作品的文学高度，但读到这篇文字也肃然起敬；熟悉的作家陶文瑜，近年也写字画画，扇面尺页浅淡清远稍显空疏，时有妙笔绝尘处一片清凉。宁文兄文人角色，三十年前就开始侍弄水墨，不示于人前，或如古人"聊以自娱"，或少年兴趣使然，如今人近中年，心性平和了，计划印一本册子，友好间分享，肯定是值得期待的另一面。

观宁文兄的画，笔头大下手重，泼墨勾勒参合，受二十世纪八十年代山水时风影响，但不取朱乃正、冯骥才水墨风景的路线，造境仍追传统趣味，酣畅处往往兴之所至，以期自我精神的宣泄。中国人讲究艺以人传，到弘一法师讲到人以艺传是一件羞耻的事情，时至今日专业细化，人模糊在各行各业分工的社会角色背后，宁文兄编撰取品位学养，翰墨挥洒见性情表达，不失为回归自我的方式。

（原载二〇一九年八月十日《美术报》，刊发时有所删节）

撰联小札：董宁文

毛乐耕

联曰：

宁达尔雅，
文健子聪。

看到此联，读书界的朋友也许都会会心地一笑，这写的是董宁文先生。

此联草稿拟出后，我曾想在每句后面再加三个字，形成一副中规中矩的七字联。后来又一想，鼎鼎大名的岳麓书院大门联不也只是"惟楚有材，于斯为盛"八个大字吗？我这里也用八个字来概括宁文兄，应该更能给读者朋友留下想象的空间。

熟悉董宁文的朋友都知道，近二十年来，他专心致志地做了两件事。一是编《开卷》杂志。这本朴素别致的刊物从二〇〇〇年四月创刊以来，到如今已经出版了两百多期。这两百多期刊物，从组稿、编稿，到印刷、发行，都是"执行主编"董宁文一个人在操持。他踏实认真、兢兢业业，从不懈怠，坚持至今，由此，被读书界誉为"一个人的杂志社"。二是策划、编辑出版了"开卷书坊"等系列丛书，一套又一套，一种又一种，现在已经达到了一百多本。董宁文与"开卷书坊"，已经成为读书界一个响当当的图书品牌，受到全国许多出版社的重视，大家都愿意与董宁文合作。

从外貌上看，董宁文个头不高，面相质朴，平时喜欢理个小平头，与人们通常概念中的艺术家、学者似乎相去甚远。然而，你若仔细观察，他的那一双眼睛特别有神，炯炯的眼神中洋溢着别样的光彩。他的智慧，他的能量，全从那眼光中透露出来了。

在董宁文身上，有一种坚忍不拔的毅力，坚持不息的韧劲。他是当代读书界的一头骆驼，在茫茫沙漠中能负重前行，一旦遇到水源和绿洲，就能创造出更加令人瞩目的成绩。编一本小小的读书刊物，看起来也许容易，但事非经过不知难，其中的甘苦，一般人恐难以体会。它需要组稿，广邀全国的名家，联系各地的新锐；它需要编辑，字斟句酌地审稿；它还有许多杂务，需要印制，需要邮寄，事情既具体又琐碎；而且，它还需要经费，否则就只好"关门大吉"，休刊了事。这一切，十多年来，董宁文都是默默地扛着，坚持着。在读者们的鼓励下，在朋友们的帮助下，在他的"再坚持一下的努力之中"，《开卷》不但克服了曾经遇到的种种困难，产生了影响，而且接下来还要向着"三百期"继续前行。

在董宁文身上，有一种传承文化、传播书香的情怀，在他的心中，蕴含着一个目标远大的书香梦。董宁文是军人出身，也当过工人，但当他与蔡玉洗先生合作，接触到《开卷》的编务时，就爱上了这项事业，全身心地扑向了它。在卧龙湖畔他的书房里，他曾经很郑重地对我说过："编一本书，编一套书，看起来也许只是一件小事，但一本一本地编下去，一套一套地出下去，若干年累积起来，作用就大了，它能构筑起一座文化的大厦。"董宁文和我说这些的时候，他的眼神中闪现着一种异样的光芒，我感觉到了他的真诚，他对未来的憧憬。我非常赞同他的"累积说"，也看重他的责任感，从中更可以体察到他的境界，他的追求。

在董宁文身上，还有一种为了事业，为了理想而甘于奉献的精神，这是一种真正的高尚的情操。当今的社会，五光十色，诱惑多多，"奉献精神"，说起来容易，真正践行起来，对人却是一种考验。这么多年来，董宁文在单位办理了内部退休手续，拿着保底的工资，默默地编辑着《开卷》，打理着"开卷书坊"，追逐着他的"文化累积"的书香梦。他在经济收入方面是微薄的，但他从不计较，也不抱怨。须知，董宁文是有绘画技能的，在这个年头，他如果追名逐利，完全可以丢开《开卷》，挤入书画的江湖，凭他的画艺，凭他的功夫，吃香喝辣根本不成问题。然而，董宁文却毅然抵制了诱惑，选择了"开卷"，这种精神真是让人尊敬。

最后再说一下联语。"尔雅"，本是一本书，"十三经"之一，后来引申为文雅之意，而在联语中，也可以转化词义读成主谓结构"你（尔）——雅"；"子聪"，本是董宁文的笔名，在此也可读为"你（子）——聪"（中国的文字就是这么有趣有味），这当然是表达了我对董宁文的点赞，是向董宁文致敬。

二〇一七年十二月二十四日

（原载《芳草地》二〇一八年第四期）

我与《开卷》的书缘
——兼致敬子聪先生

王德亭

新年一月已过大半,这个月印象最深的还是跟《开卷》主事者董宁文先生的书信往还,及沐浴的书香。南京董宁文先生寄来《开卷闲话续编》《开卷闲话三编》《开卷闲话六编》《开卷闲话七编》《开卷闲话九编》《开卷闲话序跋集》,我很是喜欢。

董先生在每本书前皆给我签名题识,特别是《续编》和《六编》的题识,读来别有兴昧。续编写道:"此书已不太好找到了,有些一书难求的味道了。"该书二〇〇五年初行世,至今十三年了。《六编》一书,是丙申年作者签名本,这次转给我,他有一个"说法":"六编出版社现已无书,此书为去年签重复的一本,孔网上确实已找不到几本了。德亭先生有此书缘,以为纪念耳。"

我与《开卷》的书缘,与《开卷》的年岁比起来,的确不算长,仅有三年。这要从两个人说起,一是锺叔河先生,一是黄健辉书友。自二〇一五年初夏,我与锺先生发生书信来往,便四处搜求他的书。我是一个"网盲",不懂得网上买书的道道。交上黄健辉书友是一个偶然,得到锺叔河的《偶然集》却不是偶然。《偶然集》是"开卷文丛"第一辑中一种,为了以较廉的价格买到这本书,健辉取"捆绑式"买书法，一次下单"开卷文丛"五本，就把原先要买《偶然集》的高额书款"摊薄"些。"开卷文丛"第一辑，我一眼就喜欢上了，开本小，约相当于两本小画书接起来大小；三笔两笔淡雅素朴的封面，这在新时期书籍装帧出版注重"衣装"的时潮中可谓独树一帜。我曾大言不惭说"重读而轻藏书"，即读书是首要的，聚书藏书倒在其次，不仅表明一种态度，委实也是书价昂贵，自问身家，藏书玩家当不得也哥哥呀。健辉是热心人，撩拨得我对"开卷文丛"五迷三道，千方百计帮我收集了第一辑九本，就差《书鱼知小》了，不是没有，是价格高。在我们这个凡事"求圆满"的社会，"十缺一"非同小可，我的胃口一旦被吊起来，就必欲圆满而后快。购得《书鱼知小（增补本）》，虽说是聊以解忧，可也非"瓜菜代"，是真金白银也。

买书有时是"连环套"，不知不觉就会被"套牢"。我得到《书简三叠》，健辉又帮我买得子聪编《谷林书简》，并《开卷闲话五编》。精诚所至，《书鱼知小》也终于来"赶集"，"开卷文丛"一辑十本，集齐比一次长征的时间还长呢。开卷丛书，我边读边想，董宁文这个名字就记在了心里。

《开卷》是由南京凤凰台饭店凤凰读书俱乐部创办的读书内刊，"开卷闲话"的前身是《开卷》的压轴栏目"开有益斋闲话"。《开卷》立足读书、服务读者，团结了全国一大批文化学者、出版家、作家及书迷书痴。主事者董宁文先生甘以"志愿者"自任，风雨兼程，克服困难，呕心沥血延续这书香一脉。于光远先生评价《开卷》："它比我们任何人都活得长久。"龚明德为《开卷闲话三编》作序，说董宁文"是一位罕见的传播书香的志愿者"，是一个心甘情愿"为书香社会打义工的人"。《开卷》月刊走过了十年、二十年，编发逾两百期，推出了若干精致的丛书，《开卷》由"民刊"成为"名刊"。

去年八月初，我给董先生写信，求赠签名书或《开卷》杂志，并向《开卷》投稿。信是通过邮箱发送过去，得到"你的信我已收到"的自动回复，从此再无音讯。

新年伊始，我抬头见喜，董先生寄赠上一年九、十至十二期《开卷》杂志，让我惊喜不已。试读第十二期，心神俱泰，快何如之。《开卷》一个印张，薄薄一小册，不过八九篇文章，却内容丰富，给人以典雅之感。我给董先生写信表达感激之情："《开卷闲话》，闲话不闲，小闲话里容得大天地，秉承了《开卷闲话》（一编）和《开卷闲话五编》初、中期的文脉，且有所改进，书坛掌故、书人书事、书业书讯、编读往来，让人读来可亲可感，俨然是一幅读书的长卷。'闲话'这个主打品牌，为《开卷》树了门头，让人读来不舍。"

我在表达感谢之余，也对刊内失校之处提出了中肯意见。董先生很快回信，纠正了我去信的一处表达错误，表示可尽力帮我配齐《开卷闲话》缺书，还热情推荐《开卷闲话序跋集》《〈开卷〉二〇〇期》及少有的几本近年《开卷》合订本。我谨慎选择，几乎到了斤斤计较的地步，董先生不顾编务繁忙，我们"你来我往"，他"耐得心烦"的沉稳，让我感到温暖。他很快为我找齐"开卷闲话"五本，说另缺的三本以后找到再寄。

我收到的《开卷闲话》续编、三编沿袭了《开卷闲话》首编的开本样式，书装淡雅古朴。六、七、九三本改为硬精装，开本小，是可以带在身上的"口袋书"——这又是开卷的别裁，以读者的需要为引领，为读者服务，面素质实。

很快收到董先生的签名书，这仍是我要感谢的。我尤其感谢他待人的那种态度，谦和、乐于助人的态度，而且"赶快做"，让我发生感慨。我们不认识，我却感觉胜似早已"认识"了——如果他也心有戚戚焉，那就是我的福分了。

（原载二〇一八年二月三日《淄博晚报》）

《开卷》书缘情未了

"章品镇先生是江南文坛的一位饱读之士，平生只出过三本书,这二本是早年三联书店出《花木丛中人常在》之后的第二本书。此后,'开卷读书文丛'还为老先生印过一本《书缘未了》。几年前仙逝,享年九十二岁。余与章先生交往有年,并有幸出版两书,亦书缘矣。宁文漫记。"

"这是范用先生第一本随笔集,后来三联据此版本删除插图出过一本同名书及其续集。德亭先生存,宁文于金陵。"

这是《开卷》主事人董宁文先生题在章品镇《自己的嫁衣》、范用《泥土　脚印》两书前的两段话,落笔时间是二〇一八年二月八日,几天就到了我手里。现在又正是传统节日春节将到的时候,人们正纷纷奔了新岁而去,无暇他顾,宁文君与我娓娓道来,单是这一份坐得住的持守便让我感佩,更莫说字句间那份可触摸的手泽传递的隆情厚意了。

十一日下午,投递员打来电话,提醒我到传达室取快件。湖南永州书友黄健辉拟送我年轻时想看而未得的一本书,让我报上书名。盛情难却,我提出《醒世姻缘传》《儿女英雄传》两本可择一本。健辉多情,说两书都已选定卖家,前书因店家在边陲,快递公司过年歇业,年前恐收不到了。他又代买了沈胜衣编、谷林翁著的《觉有情》。是哪一种到了呢?取上包裹,匆匆不克辨认,待到打开,方晓得臆断不靠谱也。《自己的嫁衣》《泥土　脚印》以外,另有《开卷》两本,今年一二期新刊。关于《泥土　脚印》,恍惚记得曾在二〇一六年《开卷》合订本上记过几笔,翻到第一期的"开卷闲话"首页,果然是,"范用二〇一〇年九月十四日去世,《书里乾坤》问世在二〇一三年二月,我同年八月十一日得此书,小女去青岛寻购。寒舍另有'开卷文丛'一辑《泥土　脚印》,为健辉书友为买《偶然集》时所配。'南锺北范',范用已去,中国当代出版界失一大家矣"。

我与董宁文先生的交往说长不长,说短也不短。说长,是去年八月我寄去网信求赠签名书;说短,是新年开门没几天就收到他赠的二〇一七年《开卷》九至十二期,我们网信交流,他的热情难掩待人的那份赤诚,帮我集齐了《开卷闲话》十编，我还喜得"开卷文丛"二辑中的六种，《自己的嫁衣》，就是这其中的一本。我读此书，看到长沙彭国梁先生作的序，那别致的文字，让我恨不能一口囫囵吞下。作者并不公布写序的书名和著者的姓名，却从作者逸事写起，很有起伏，让我欣赏阅读的快乐。读得着迷，忽然感到"线"断了——从第四页猛跳到了第十三页。这一跳非同小可，把我吊足的胃口提得更足了——很想听"下回分解"。仔细看，封面没错，书题页及作者自题页完美，目录却是《书生清趣》的目录，《序》也本是彭君为龚明德的书所写。求教于董先生，他说，类似这样的事情以前也曾发生过："前几年厦门一位书友也是买了这本书，但封面是这本，内页则是《书生清趣》，后来就帮他请两位作者都签了名，题跋数语。之后他写了一篇文章记述了此段书缘，成为一本特殊的藏书。"他表示此书可以退还他，待找到时再另寄。

我曾承诺缺页的一本当在无损的书找到后璧还，现在想，放着"艳福"不享，岂不是空辜负了一段"好姻缘"也？索性商告于董先生，若得应允，留下也好。但我内心必承受着隐隐的不安。董先生办《开卷》，交游四方，群贤毕至，找他求教及他愿为联系的名学者名书人和读者众矣，都像我这样"没完没了"如何使得！他在年节犹忙着找书寄书，这份读书人的做派，当下实在已近乎"广陵散"，值得致敬。我想，这也是全国那么多的"老先生"愿意把自己的文稿交《开卷》首发，并与他你来我往乐此不疲，更是一些新读者趋之若鹜的原因所在吧。先生此风，"洵洵如也"，以此作比，于董先生来说，大概不至于引喻失义吧？

丁酉十二月二十七，王德亭记于庭草斋

周实

董宁文

今天打开微信,听到"叮"的一声,收到了他发来的《开卷》稿费,同时收到他的短信:"《想起潘先生》样刊已寄出两天,这一两天应能收到。"同时还送上了一杯冒着热气的咖啡。心里感到了他的温暖。屈指算算,从他写给我第一封信,我们互相认识了,到现在,也有二十二年了,那是一九九六年:

周实先生:

我荣幸地收藏了先生所编的《杂烩集》和《画碟余墨》两本书,并且十分喜欢。图文并茂的两册奇书是我案头常设的,且玩味良久越觉有味。今天在家又一次展读,油然生成给先生写信的冲动,目的很明确,就是请先生帮助我买几本《中国当代著名漫画家杂文家幽默小品》丛书已出的各本。这套书不知现已出版了多少本,有没有出齐,这些我都想知道。说真的,我对这套书是珍爱万分的,这并不是什么客套话。因为我与马得先生、方成先生(想必有他的一本)都有交往,所以这种感情尤为真切。

另,我还藏有韩羽先生的《闲画闲话集》以及他散发在

周实先生:

我荣幸地收藏了先生所编的《东方》佳以和《足球信息》两书，而且十分地喜欢。固之我藏的两册幸书是我家孔幸照经的，且玩味良久越觉有味。今天在家又一次展读，由终生的给先生写信的冲动，目的很明确就是请先生帮助我买几本《中国当代著名作家、东文家此影手砲》丛书已出的各本。这套书不知说已出版，总之不有没有出完，总之我都提知道。说真的，我对这套书珍爱万分的主要是什么写有手迹，目的我与得先生、石刚先生(想必有他的一本)都有交往。所以这种感情尤为真切。

另我还藏有鲜为先生写的《闲在闲话集》以及他散发在一些报刊的周手。了得先生又同你一样，他的书我基本都有，当然也包括一些幸报。希望先生赠我的字及画，现在我去的一个多月我去当地府上拜望一次。

董宁文致周实信札（1-2）

一些报刊的图文。马得先生因与我同住一地,他的书我基本都有,当然也包括一些剪报,并还有他赠我的字及画。现在我大约一个多月就去他府上拜望一次,从他那里我得益匪浅。每次去我都带一些我新买的书给他看。他有喜欢的就留下来读,下次再取回。与马得先生的交往是我很愉快的一件事情。

　　我想象中您应是一位老先生,不知是不是这样的。盼复。

　　遥祝

编安!

董宁文于大年初七
南京癖斯居灯下

　　我立即给他回了信,告诉他我已调湖南省新闻出版局创办编辑《书屋》杂志,请他与湖南文艺出版社的欧阳强同志联系此事。他立即也回了信:

周实先生:

　　您好!从您的来信中,我读出了您是一位真诚、认真的人。

　　我已给欧阳强先生去信,想是会得到他的帮助的。

　　《书屋》杂志刚一问世,便以不俗的品位得到读书人的青睐。南京的《书与人》,以及东北的《书缘》等读书杂志无疑给人们带来了一股清新的学术之风,只可惜在南京,还没有见过《书屋》杂志,想请您帮我买两本(创刊号至今不知几期),一读为快。当然,我也会带给马得先生看看的。如果可能的话,也许还会为其写一两篇稿子的。虽说马得先生已是77岁高龄的老人了,但仍是笔耕不辍。现在每月他还在《新华日报》上开着《画戏话戏》的专栏,一期乃一图一文,妙趣横生,耐人回味,很受读者喜爱。

请您将书价告之,我即汇款,烦劳先生大驾为歉!
遥祝

愉快!

董宁文于癖斯居灯下

96.3.9

马得先生近影一帧　留念

宁文又及

《书屋》那时刚出了三期,我立即也寄给他了,就这样,一直联系至今。

后来,他创办了《开卷》杂志(还有蔡玉洗先生),我当然也给他写稿,他也一直关照着我。《开卷》杂志两百期时,我高兴地写了一篇小文,题目是《我看〈开卷〉》:

《开卷》五年时,我写了一篇:《开卷》的好

我很喜欢《开卷》的。

《开卷》是南京凤凰台饭店凤凰读书俱乐部所主办的一份会刊。每月一本,三十二开,一个印张,至今整整五年了。

五年来,还编辑了"开卷文丛"一辑、二辑,每辑十来本,每本一个人,都是些很好的读书人。

我也喜欢"开卷文丛"。

纪念《开卷》五周年时,我曾写过一句贺词:"刊物虽小,声音也小,但这压低了的声音却能久久萦绕心灵。"

声音压低了,气并未减弱,而且还很足。

这些中气很足的文字,虽是轻声细语吐出,那内力却极强的。

喜欢它的人能够感觉到,不喜欢的呢,也是一样吧。我想,也是一样的,也是能够感觉的。只是这感觉,仅仅是感觉,要想捕捉它,却很难捕捉。

这就是《开卷》的味道了。

董宁文致周实信札（2-1）

春节愉快！

编祺！

董宁文 于 解玺璋府下

96.3.9

另请惠寄五影一帧 为念。

宁文 又及

一个刊物有了味道，无论它是什么刊物，无论它是什么味道，就可算得有特色吧。

若有特色就是好，那《开卷》就是好了，当得一个好字了。

《开卷》的好，在我看来，就是它能真正地让一部分读书人在精神上先富起来。

若是能有更多的《开卷》，能让更多的读书人，在精神上先富起来，也应算得是好事情。

《开卷》一百期时，我写了一篇：老朋友

《开卷》，我的老朋友了。

我说老朋友，不是说我写稿多，而是说我看得多，《开卷》创刊到现在，我一直在看着它。

转眼，就是百期了，好快呀。

如果，一期算一岁，那它就百岁了。

但——它——不是一个老人，它跳动着年轻的心。

在它出刊百期的时候，我能说点什么呢？

自然想到开卷有益。百期《开卷》给读者的，可以说是享受多多。《开卷》的作者是优秀的，《开卷》的文字是优良的。小小《开卷》朴素，雅致，在这浮躁不安的时代，真的可说一枝独秀。

一枝独秀，说说容易，真要做到，谈何容易？我想再隔好多年后，《开卷》的编辑若是动笔，写上一写《开卷》的故事，一定也是非常有趣的。

我是真的喜欢《开卷》，喜欢它的淡定，从容，目光智慧，不露声色。

《开卷》十五年时，我写了一篇：孤独的力量

想给《开卷》写点文字，不知为何想到孤独。

在我看来，好作者必定都是孤独的，好的书也是，好刊

物也是。《开卷》是本好刊物，自然就是孤独的了。

孤独是否等于孤单？在我看来，并不等于。

每种孤独即使孤独也都会有自己的领土，自己的森林，自己的高山，自己的河流，自己的幸福和疾苦，自己的热爱与痛恨。

写作者最希望的就是和另外一个人或者很多很多人分享自己感到的知道的能够用语言表达的孤独。每一种真正的好刊物都集中了好多好多的孤独。每一种真正的好刊物是集中了许多孤独的孤独。

每一种孤独到刊物来，最初也许是为了表现，为了倾诉，为了寻得自己的伙伴，为了能够抱团取暖，但最后，到头来，还是会觉得自己孤独。自己本就是孤独的又怎能使别人不孤独？一个人越是靠近自我，结果也就越是孤独。

我喜欢孤独也害怕孤独，有的时候甚至想：即使有个坏朋友也好过你没朋友！

孤独都是自找的，很多时候我都是只有处在孤独中才感觉到不孤独。

真正的孤独是种境界。谁能达到这种境界？谁能日日夜夜做到完完全全面对自我。内心总有过去的影子，总有一些委屈、伤痕以及错误无法释怀。

《开卷》这本小小的刊物，在如今这文化娱乐都要形成大制作的都要迅速产业化的商业化的时段里，还能一枝独秀地存在，让我看到孤独的勇气。

《开卷》这个孤独者，不是什么什么的人质，而是孤独的力量所在！

《开卷》现在两百期了，我写了这篇：这颗心

收到了《〈开卷〉二〇〇期》。一本小而厚的书。有多厚？量了量，近乎七厘米，就像一块砖。书虽厚，拿起来，却不重，读起来也很舒服，甚至把它平摊开，它也不会合起

来，设计者真用了心。

书分四部分：序跋、年谱、总目、人物，四部分连着一颗心，编者的爱心，爱人、爱书、爱刊物，所有爱从心中流出，流向全书的四个部分，字里行间，充满感情，读起来真温暖人心。

可贵的就是这颗心！

可赞的就是这感情！

这颗心，这感情，紧紧地，把编者，把作者，把读者，联系在一起，组合在一起，演绎出一个个有味的故事，奏响了一支多声部的友谊长存交响曲。

当然，我也很明白，无论什么书，无论多么厚的书，都会有个结束的时候，但故事却没有结局，故事会一直进行下去，就像从第一面开始一样，故事不会因为那最后一面而结束。

何况是这样动人的故事，如此这般的文人相亲。

我真喜欢这本书。

我还想象许多年后，某个时刻，我又随手捧起这本书，翻开某一页，我的心也随之一动，停在我曾停过的某页，于是，那些尘封的往事又会重现在我眼前，那些时间又活过来，带着我的酸甜苦辣。

这篇随感写到这里，我就放在电脑里了。今天再次打开重读，心里又想这是缘分。恰在这时，这样想时，我又收到他的新著，书名就叫《书脉人缘》。书中写了他编《开卷》所结识的作者、读者以及不少文化老人。笔是随意的，书是精美的，书中记录的人和事也是潇洒有味的。

二〇一八年七月二十九日

写在文坛边上
——喜见《闲话开卷续编》

方怀银

九月二十七日,收到子聪寄来的"开卷书坊"第八辑的六册书。内容自不必说,仅淡绿的硬装封面和白谦慎的题签,就让人爱不释手。长假去芜湖,《闲话开卷续编》正适合旅途短读。

《闲话开卷续编》收录二〇一八年至二〇一九年四月的每期《开卷》最后几页"开卷闲话",以日期为序,记录围绕《开卷》所生发的文人行踪、书人书情。这"闲话"不简单,照子聪的话来说:是《开卷》的一根主线,同时也是编者、作者、读者之间相互交流的一个平台。与之前的《闲话开卷》以及《开卷闲话》系列一脉相承。收录内容主要是出版前一两年的"开卷闲话"(二〇一一年之前的《开卷》此栏目名为"开有益斋闲话"。啰唆一句,从"开有益斋闲话"到《开卷闲话》也是妙笔,不知是哪位高人的主意。),五六位名家作序(序之多,可谓特色),附录几篇媒体报道《开卷》的相关文章。前十册总名为《开卷闲话》,依次续编、二编至十编,收录创刊至二〇一六年四月的"闲话"。十编既满,后边的编与不编、以什么形式编,曾在《开卷》圈子内外有个热烈的讨论,各方书友纷纷"建言献策"。到了二〇一八年,子聪举重若轻,在"开卷书坊"第七辑中推出了

《闲话开卷》，轻轻地将"闲话"与"开卷"对调，既有继承，又有创新，不禁拍案叫绝。当然，这其中，也能看出子聪的"野心"：至少是奔着十编去。这不，《闲话开卷续编》"新鲜出炉"，令我欣喜，故曰喜见。

我在《开卷》创刊的第十五年才与之结识，"情人眼里出西施"，如同当年追《读库》一般，陆续购读《开卷》相关的书籍。二〇一八年，萌生将《开卷闲话》十编全璧的想法。从二〇〇三年的《开卷闲话》到二〇一六年的《开卷闲话十编》，收罗起来不是易事。历月余，在孔夫子旧书网和子聪处购得价格适宜的十册（孔网上有《开卷闲话》十编合在一起出售，定价一千五百八十八元）。三编含邮四十元，收到书后，拆掉包装，居然是毛边本，有捡漏之感。十册插架，长长短短，厚厚薄薄。这十册分别在凤凰、岳麓书社、湖南教育、上海辞书、南京师大等出版社出版。去年八月，"开卷书坊"第七辑出版，其中有《闲话开卷》一册，乃《开卷闲话》十编后的新生。国庆前收到子聪的签名本，长假闭门读之，兴味依然。

这些短章，可读性甚佳，在以往每月一期的《开卷》上也曾读过，当时只道是寻常。由于《开卷》拥有独特的文学老年作者、读者群，他们的信件往来和日常读书，其中就蕴含了大量当代稍纵即逝的人文信息，既可做小品文品读，也可作为文史资料记下。好事如我，就曾记下"闲话"中记录的逝去的文化老人、学者的信息，一百多条，如舒芜、杨绛、范用、王世襄、来新夏、黄永厚等。他们走入历史，研究者在"闲话"中可追溯其"足迹"。在二十世纪三十年代类似"闲话"的也有不少，如《文艺新闻》的"每日笔记"、《文潮月刊》的"文坛一月讯"、《万象》的"艺文短讯"和"编辑室"等，已成为研究中国现代作家的重要史料。

此类"闲言碎语"包含大量的学术动态、出版信息，按年编排，串联起来看，便有了故事性和史料价值，"成了一群与《开卷》结缘的读书人、文化人、素心人的非官方活动的年鉴，当代文化生态的某一侧面的实录"。诸如全国民间读书年会，自二〇〇三年的首届至去年郑州的第十六届（二〇一五年的株洲第十二届没有记录，不知何故），皆有翔实的记载，日后研究者定能从中获益。诸如发布靳飞对张恩岭作品《张伯驹传》的声明，让读者对是书有个明晰认知，也会成为文坛掌故。

"闲话"似文坛新闻，不主流，却是文坛历史的真实记载，子聪自谦"写在文坛边上"。陈子善先生曾云："它是否也会成为今天人文学术界的'一个缩影'，相信广大读者自有公正的判断。"我相信会的，故而写下上述文字，期待再见三编、四编……

二〇一九年十月十四日

（原载二〇一九年十二月十六日《文汇读书周报》，刊发时有所删节，且题目改为《〈开卷〉"闲话"：写在文坛边上》）

精彩时刻的私人记忆
——那些记录了全国民间读书年会的书刊

王志

全国民间读书年会，从二〇〇三年十一月在南京市举办的首届至二〇一九年十月在哈尔滨举办的第十七届，出版了很多与年会相关的书籍、报纸和杂志，笔者不避浅陋，做了简略的梳理，这里介绍的只是：一、明确与年会相关的杂志专（特）刊（辑）。二、虽非明确为年会专（特）刊（辑），但系主办当届年会的报刊所主办的当届年会出版的当期杂志（报纸）。三、明确为纪念年会而出版的相关书籍。四、不包括报纸的专刊和零散登载于报纸、杂志和书籍中有关年会的记录文字。五、记录的只是笔者个人集存的部分书刊，因孤陋寡闻而必有遗珍。

首届自办读书报刊讨论会于二〇〇三年十一月二十九日至三十日在江苏省南京市凤凰台饭店召开，由《开卷》杂志主办。

会后，子聪著，岳麓书社二〇〇五年三月一版一印，开本八五〇乘一一六八，印数四千册的《开卷闲话续编》一书中，作为附录的《办刊编报甘苦谈》，记录了时间为二〇〇三年十一月二十九日，地点在南京凤凰台饭店，发言人为蔡玉洗（凤凰台饭店总经理、《开卷》主编）、董宁文（《开卷》执行主编）、彭卫国（上海图书公司总经理）、自牧（《齐鲁英才》主编、《日记报》顾问)、黄成勇(十堰市新华书店总经理)、范笑我(《秀州书局简讯》主编)、阿年(《读书人》主编)、钱晓征(《可一》主编)、谭宗远(《芳草地》执行主编)、虞豪(《博古》编辑部主任)、陈克希(《博古》编辑)、于晓明(《日记报》总编辑)、李传新(《书友》编辑部主任)、戴玮(安徽大道博一管理咨询有限公司副总经理)、薛冰(作家)、邓德懿(《江南时报》读书版编辑)、徐雁(南京大学信息管理系教授)等人的发言记录。

全国第二届民间读书报刊讨论会于二〇〇四年十二月二十五日至二十六日在湖北省十堰市新华书店召开,十堰市新华书店主办,由《书友》承办。

会前,为迎接和庆祝本次会议的召开,承办方以"书友工作室"的名义编辑出版了《民间书声——民间读书报刊文选》,策划为"书友工作室",编辑胡荣茂、李传新,二〇〇四年十二月一版一印,开本七八七乘一〇九二,印数五百册,工本费四十八元。龚明德撰写序言,黄成勇撰写后记,选取了《书友》《清泉》《三联贵阳联谊通讯》《开卷》《读书人》《芳草地》《书人》《博古》《日记报》《书简》等读书报刊的八十余篇文章,涉及作者七十余人。

第三届全国民办读书报刊研讨会于二〇〇五年十月十四日至十六日在北京市朝阳区文化馆召开,北京市朝阳区文化馆主办,由《芳草地》杂志承办。

会后,北京市朝阳区文化馆主办,谭宗远执行主编的《芳草地》杂志于二〇〇五年十二月出刊了《芳草地·全国第三届民办读书报刊研讨会特刊》,正三十二开本,内容包括研讨会前言、发言摘要、会议合影、参会名单、信函一束等。发言摘要中有谭宗远(北京《芳草地》杂志)、徐伟(北京市朝阳区文化馆馆长)、蔡玉洗(南京《开卷》杂志)、姜德明(作家)、文洁若(作家、翻译家)、牛汉(诗人、作家)、梅娘(作家)、袁鹰(作家)、杨永青(画家)、自牧(济南《日记杂志》)、于晓明(济南《日记杂志》)、止庵（作家）、陈克希（上海《博古》杂志）、刘宗武（天津社会科学院研究员）、张阿泉（呼和浩特《清泉》）、陈子善（上海华东师范大学教授）、徐雁《南京大学教授》、王金魁（濮阳《书简》杂志）、谢其章（作家）、黄成勇（湖北省新华书店副总经理、十堰《书友》原主编）、靳飞（东京大学教授）、阿滢（泰安《泰山周刊》）、刘沙（北京《稻香湖》诗刊》）、林莽（诗人）、萧金鉴（长沙《书人》杂志）、赵蘅（画家、作家）等人的发言。

全国第四届民间读书报刊发展研讨会暨全国读书型作家学者二〇〇六年内蒙古草原笔会于二〇〇六年八月二十七日至二十九日在内蒙古自治区呼和浩特市内蒙古大学桃李湖宾馆召开，由《清泉》主办。

此次会议笔者未见杂志专刊和相关书籍。

二〇〇七全国民间读书年会于二〇〇七年十一月十六日至十七日在江西省进贤县会展中心召开，由进贤县委、县政府和《文笔》杂志共同主办。

会后，由董源艺术研究院主办，南昌市邹氏农耕笔庄协办，邹农耕主编，张国功、萧金鉴特约编辑的《文笔》杂志于二〇〇七年十二月出刊了《文笔》杂志二〇〇七冬之卷，三十二开本，封二是"读书年会开幕式主席台"照片，封三是"锺叔河先生在文港镇，为周坊古村题词"的照片，这两张照片都是唐巍所拍摄。在第五十六页的"文化动态"栏目中，登载了李传新的文章《笔都之旅襄盛会》，文章压题照片为"热烈祝贺二〇〇七全国民间读书年会隆重召开"的与会人员合影，文章中间有一张"民间读书报刊年会主宾席"照片，还有一张"毛笔古村——周坊的家庭毛笔作坊"照片，这三张照片都是章文杰、唐巍所拍摄。李传新的文章记录了与会人员在进贤县采风参观的经过，提及的与会人员有来自《芳草地》（北京）、《书脉》（北京）、《东方书林》（上海）、《日记杂志》（山东济南）、《聊斋园》（山东淄博）、《书友》（湖北十堰）、《崇文》（湖北武汉）、《向阳湖文化报》（湖北咸宁)、《开卷》《悦读》《书乡》《藏书》(均为江苏南京)、《书人》(湖南长沙)、《书香》(安徽芜湖)、《闽都文化》(福建福州)、《清泉部落》(内蒙古呼和浩特)、《文笔》(江西进贤)等民间读书报刊和特邀的作家、学者,如锺叔河、陈子善、陈学勇、徐雁、薛冰、王稼句、彭国梁、黄成勇、董宁文、林公武及长江文艺、岳麓书社、古吴轩等多个出版社的代表共百余人参会,记录了龚明德主持的年会议程及锺叔河、陈学勇、黄成勇、彭国梁、徐雁、林公武、李城外、邓子平、张维特等人的简要发言。

全国第六届民间读书年会暨淄博笔会于二〇〇八年十月十七日至十九日在山东省淄博市博苑宾馆召开,由淄博市文联、淄博日报社、日记杂志社主办,淄川区广电局、书脉杂志社、齐风杂志社协办。

会前,为了祝贺这次会议的召开,编选出版了"全国民间读书报刊作品选萃"——《民间书脉》,主编:自牧,副主编:徐明祥、于晓明,出版者:中国文化教育出版社,版次:二〇〇八年十月一版一印,三十二开本,定价三十六元。该书分别由姜德明、陈子善作序,自牧作编后记。内容为《清泉部落》《崇文》《开卷》《书人》《日记杂志》《文笔》《书乡》《芳草地》《泰山书院》《古旧书刊报收藏》《书脉》《书简》《读书人》《毛边书讯》《译林书评》《民间书声》《书友》《温州读书报》《园地》《三联贵阳联谊通讯》等报刊各选文章四篇。

会后,由淄博市文学艺术界联合会主办,宗俊海主编,姜岩副主编的《齐风》杂志于二〇〇八年十二月出刊了二〇〇八年第六期(总第四十六期)"全国第六届民间读书年会作品专辑",大十六开本,封二登载了会议消息和大会主席台、主持人等照片,封三登载了会议活动侧记照片。内文刊载了自牧、沈文冲、杨栋、罗文华、徐明祥、张元卿、于晓明、陈武、孙方之、阿滢、卢礼阳、汪应泽、周雁羽、吴键、葛思绪、王国华、薛燕、袁滨、荣方超的文章,还有冯传友根据录音整理的来新夏、李心田、邱勋、宋词、自牧、陈子善、曾宪东、蔡玉洗、张阿泉、萧金鉴、夏国平、阿滢、汪应泽、闫进忠、李传新、谭宗远、鲍振华、董宁文、卢礼阳、杨栋、王金魁、于晓明、张元卿、王振羽、邵盈午、刘宗武、沈文冲、武德运、罗文华、王国华、冯传友、孙方之、李国经等人的发言，还有全体代表的合影。

全国第七届民间读书年会于二〇〇九年九月五日至七日在内蒙古自治区鄂尔多斯市召开，由《清泉部落》主办。

笔者未见此次会议所出的杂志专刊和相关书籍。

第八届全国民间读书年会于二〇一〇年十一月十七日至十九日在四川省成都市毓秀苑宾馆召开。

笔者未见此次会议所出的杂志专刊和相关书籍。

全国第九届民间读书年会于二〇一一年十月十四日至十六日在浙江省温州市图书馆召开，由温州市图书馆主办。

笔者未见此次会议所出的杂志专刊和相关书籍。

第十届全国民间读书年会暨"图书馆与社会阅读"研讨会于二〇一二年十一月二十一日至二十三日在广东省东莞市东莞山庄召开，由中国阅读学研究会、中国图书馆学会图书馆与社会阅读委员会主办，东莞市图书馆承办。年会主题为"阅读·交流·发展"。

会后，由东莞市图书馆主办，徐雁、李东来主编，徐玉福执行主编的《悦读时代》杂志于二〇一三年三月出刊二〇一三年第五卷第一期（新春特大号），封二为"全国第十届民间读书年会暨'图书馆与社会阅读'研讨会"相关照片，包括开幕式上的领导致辞、主办方致欢迎辞、嘉宾发言、向图书馆授匾、全体合影、年会藏书票等九幅彩色照片。封三为"全国第十届民间读书年会暨'图书馆与社会阅读'研讨会"相关照片，包括十七位年会代表个人照和年会"十届元老"自牧、董宁文、李传新三人合影共十八幅彩色照片。内容上，包括李传新《美丽的南方——第十届全国民间读书年会》、杨栋《东莞》、雷雨《东莞三日》、卢礼阳《袁崇焕故里行》、舒凡《东莞全国民间读书年会日记》、兰祁峰《东莞三日备忘录》、谷雨《感受东莞》、洪砾漠《东莞图书馆及其馆人》、吴昕孺《东莞归来》、聂凌睿《第十届全国民间读书年会暨"图书馆与社会阅读研讨会"见闻录》、张芳《第十届全国民间读书年会暨"图书馆与社会阅读研讨会"综述》、林伟光《读书人的盛会》等十二篇文章。

第十一届民间读书年会暨《点滴》作者座谈会于二〇一三年十一月二十九日至三十日在上海市南鹰饭店召开,由巴金故居、《点滴》编辑部主办。年会主题为:信息时代的民间读书刊物。

会后,巴金故居、巴金研究会主办,陈思和、陈子善主编,周立民执行主编,蒋珊珊、朱银宇、梦之仪编辑的《点滴》杂志于二〇一三年十二月出刊了二〇一三年第六期(总第三十期),三十二开木,内容包括《第十一届民间读书年会暨《点滴》作者座谈会发言摘要》,记录时间为二〇一三年十一月三十日,地点为上海南鹰饭店八楼会议室,陈子善、蔡玉洗、彭卫国、臧建民、徐雁、王稼句、谭宗远、王振良、臧杰、江少莉、卢礼阳、朱晓剑、冯传友、翁长松、子张、韦泱、罗文华、童银舫、方韶毅、梦之仪、夏春锦、自牧、阿滢、黄妙轩、张阿泉、崔文川、李城外、徐玉福、沈文冲、舒凡、刘涛、董宁文、刘绪源、薛冰等人的发言内容。在文字中间,插有年会现场(董宁文、彭卫国、陈子善、臧建民、蔡玉洗)、陈子善主持会议、蔡玉洗发言、徐雁发言、臧杰发言(梦之仪、臧杰、童银舫、励双杰)、冯传友发言、子张发言(薛冰、沈文冲)、韦泱发言、与会代表参观巴金故居、会议手册、会议藏书票、自牧发言、杨靖华为会议所制印章及印文、董宁文发言、刘绪源发言、薛冰介绍其新书、王稼句发言、在会议上交流的部分民刊等十九幅照片。还有一篇楼乘震《全国民间读书年会在沪举行》的文章,包括"民间读书刊物方兴未艾""民间读书刊物有可贵的草根性"和"民间读书刊物有神圣的职责"三部分内容，文字中间插有"会议现场"和"与会代表在巴金故居主楼前合影"两幅照片。

第十二届全国民间读书年会于二〇一四年十月二十三日至二十五日在湖南省株洲市规划展览馆召开，年会由株洲新闻网、株洲市图书馆承办，年会主题为：当下民间读书刊物的生存状态。

会前，落实了第十一届民间读书年会上有书友提出的为纪念《书人》《文笔》杂志编辑萧金鉴先生编选一册纪念集的提议，以"株洲新闻网·第十二届全国民间读书年会"的名义出版了《民间书人——萧金鉴纪念集》，该书执编为朱晓剑，出版日期为二〇一四年十月，三十二开本，工本费三十九元捌角，锺叔河的《爱书爱到死》作为是书代序，书后有《民间书人——萧金鉴纪念集》编辑组所作编后记。除序言和编后记外，本书分为四个部分："永恒纪念"部分包括萧金鉴先生各地好友三十三人的三十四篇回忆文章；"尺素传情"部分是朱晓剑整理的萧金鉴先生于二〇〇五年至二〇一二年给各地师友发出的电子邮件的合集；"书人唱和"部分为萧金鉴先生与吴子明教授诗词唱和；"编刊总目"部分为唐巍整理的《书人》目录和《文笔》编辑部整理的《文笔》目录，这两个刊物都是由萧金鉴先生执编。

会后，为记录年会的成功召开，编辑出版了汇集与会代表文章的本次年会的纪念书籍《书香余韵》一书，编著者为聂鑫森等，湖南人民出版社二〇一五年五月一版一印，开本七一〇乘一〇〇〇，定价二十八元。是书由聂鑫森作序，书后有编者后记。内容包括"致辞"部分三篇文章，"散记"部分二十九篇文章，"人物"部分十篇文章，"感悟"部分六篇文章，"报道"部分十四篇文章，"名录"部分为以姓氏笔画为序的参会人员名录。在书的"致辞"和"散记"中间插有彩页，计有十九幅年会过程照片，还有全体与会人员的小幅头像照片。

第十三届全国读书年会暨藏书票艺术论坛于二〇一五年

五月二十三日至二十五日在天津市北宁公园和问津书院召开，由问津书院主办。

会后，为纪念和记录此次年会，编辑出版了汇集与会代表文章的本次年会的纪念书籍《问津书韵：第十三届全国读书年会文集》，此书为王振良主编的"问津书院·随艺生活"第二种，杜鱼编，天津古籍出版社二〇一六年六月一版一印，开本七八七乘九六〇，定价七十八元。书前有徐雁所作序言和杜鱼所作编辑说明，书后有杜鱼所作后记。正文"渤海书声"部分收录参会人员日记十四篇，"问津书事"部分收录与年会相关的十六篇文章，"沽水书缘"部分专述淘书经历和书友风采十七篇文章，"芸林书语"部分讨论阅读推广和民间书刊七篇文章，"钟爱书票"部分对应年会的藏书票艺术论坛十篇文章，"寄情民刊"部分讨论民刊发展的困难与突围十六篇文章，"聚焦开卷"部分纪念《开卷》创刊十五周年十篇文章，"难忘邃谷"部分纪念来新夏先生十六篇文章，这中间有数位作者写了多篇文章收入其中。在"附录"部分，有一篇关于民刊的讨论文章和此次年会七篇报道文章，还有此次年会日程、邀请函、报到通知、历届年会参加人员名单，以及问津书院简介和《问津文库》已出书目。在本书序言前有彩色插页，内容是与会人员在问津书院入口处楼梯上的合影照片和与会人员在问津书院中庭的合影照片，有部分代表在年会藏书票封套上的签名照片，还有专为此次年会设计的三张藏书票的照片。

第十四届全国民间读书年会于二〇一六年七月十七日至二十日在甘肃省张掖市图书馆召开，由甘州区人民政府主办。

会前，为庆祝这次年会的召开，编辑出版了《我在书房等你》，主编黄岳年，执行主编朱晓剑，古吴轩出版社二〇一六年七月一版一印，开本八八九乘一一九四，定价三十六元。该书由朱晓剑作序、黄岳年撰写后记，共分六辑。辑一"名家书房"包括陈子善、韩石山等九人的文章，辑二"最美书房"包括阿滢、韩三洲等十人的文章，辑三"书房小史"包括白磊、迭戈等十一人的文章，辑四"书斋散记"包括何况、谷雨等十四人的文章，辑五"书房漫步"包括古农、黄涌等七人的文章，辑六"书房他说"包括安武林、冯传友等八人的文章。上述所有文章均与书房相关，归结为"我在书房等你"。

会后，编辑出版了汇集与会代表文章的这次年会的纪念书籍《丹霞书韵》，主编黄岳年，执行主编朱晓剑、甘肃人民出版社二〇一七年九月一版一印，开本七八七乘一〇九二，印数一千册，定价四十元。该书由朱晓剑撰写序言，黄岳年撰写后记。在序言前有三幅彩色插页，分别为：一幅锺叔河先生的题词和两幅代表合影。正文部分分为"相约张掖"的九篇文章，"开幕式致辞"四篇，"专题研讨"包括六篇研讨纪要、一篇报告概要和中外藏书票欣赏一文，"我在书房等你"四篇文章，"会后散记"二十八篇文章，"丹霞璀璨"六篇文章，"诗文会友"十一篇文章。此书同《问津书韵：第十三届全国读书年会文集》一样，有数位作者写了多篇文章收入其中。

第十五届全国民间读书年会于二〇一七年十月二十八日至三十日在浙江省诸暨市同方豪生大酒店召开，由诸暨市图书馆、诸暨市西施文化研究中心主办。

会后，由越览书社主办、诸暨市图书馆协办，周音莹主编的《越览》杂志于二〇一八年二月编辑出版了作为"越览文丛"第十种的《越览文丛·拾·年会专辑》，周音莹编辑，三十二开本，封面是摆放着年会首发书籍、笔记本、参会证、手册等年会相关资料的照片，封二是崔文川设计的"第十五届全国读书年会纪念藏书票""诸暨市西施文化研究中心纪念藏书票"和"诸暨图书馆藏书票"的照片和两幅部分书友的合影照片，封三是年会代表潘小娴、崔文川、章海宁、周音莹游览西施殿的照片。在正文中还插有陈仲明在年会主题研讨会上的照片，韦力在诸暨市图书馆的照片，陈子善、董宁文、周立民、周音莹探讨年会事宜的照片，严晓星、潘小娴、崔文川会后茶叙的照片，王稼句、范笑我分别接受诸暨电视台采访的照片，张阿泉、周音莹在西施大剧院参加"读在诸暨"朗诵会的照片，书正中是全体代表的合影照片。专辑正文内容包括年会代表武德运、韦力、何泽、童银舫、夏春锦、叶瑜荪、刘涛、黄岳年、杜鱼、马国兴的文章，最后有周音莹写的后记，说明了此专辑编辑出版的经过等。

其后，又正式编辑出版了汇集与会代表文章的本次年会的纪念书籍《暨阳书缘：第十五届全国民间读书年会文集》，周音莹主编，浙江古籍出版社二〇一八年八月出版，开本八八〇乘一二三〇，定价四十元。该书目录页前有彩色插页，为此次年会全体代表的合影照片。正文部分分成三个专辑，第一辑"民间书声"部分为《开卷》《易读》《越读》《名堂》《梧桐影》《问津》《越览》《味书轩》《蠹鱼》等民间刊物的创刊卷首语及郑闯辉关于图书馆内刊的编印和阅读推广、马国兴关于手抄报《我》的前世今生、沈文冲关于毛边书的因缘、周立民关于《点滴》出刊五十期的文章，还有张宽路和薛冰的两篇文章；第二辑"年会记录"部分包括董宁文、陈克希、马国兴、黄岳年等十九人的二十篇关于此次读书年会的文章；第三辑"众说'蠹鱼'"部分则是八篇关于浙江古籍出版社出版的由周音莹、夏春锦策划的"蠹鱼文丛"（包括扬之水著《问道录》、陈子善著《浙江籍》、徐重庆著《文苑拾遗》、叶瑜荪著《漫话丰子恺》）的相关文章及七篇关于"蠹鱼文丛"的相关媒体报道。

第十六届全国民间读书年会于二〇一八年九月十五日至十六日在河南省郑州市嵩阳饭店召开，由郑州市文化广电新闻出版局主办、郑州小小说文化传媒有限公司和小小说网络电台承办。

会后，为总结郑州年会的成果，编辑出版了汇集与会代表并且包括邀请了因事未到会代表的文章的这次年会的纪念书籍《书香郑州：第十六届全国民间读书年会文集》，马国兴、陆炳旭主编，郑州大学出版社二〇一九年九月一版一印，开本八八九乘一一九四，定价五十六元。该书由陈子善作序，马国兴撰写编后记。是书序前有彩色插页，包括有锺叔河先生为郑州年会的题词，韩三洲先生约请的由韩湘亭先生绘画、徐进先生题款的为郑州年会而新创作的画作，崔文川先生设计制作的郑州年会藏书票，阿滢先生约请全体代表在藏书票封套上签名的图片，冯杰先生为郑州年会所创作的画作，还附有此次年会全体代表名单。正文部分，不同类别的文章分类以部分民间读书报刊之名来命名分为七辑。"名堂"部分，包括活动实录和活动剪影两个部分及十一幅彩色照片详细记录了年会的精彩过程，"开卷"部分包括九篇文章，"文笔"部分包括十四篇文章，"书友"部分包括十篇文章，"问津"部分包括三篇文章，"阅微"部分包括六篇文章，"点滴"部分包括十三篇文章。此书亦有一人非一篇文章收入，但限制为每人的作品以两篇（组）为限。

第十七届全国民间读书年会于二〇一九年十月九日至十日在黑龙江省哈尔滨市黑龙江省图书馆召开，由哈尔滨呼兰河国际文化传媒有限公司承办，哈尔滨顺迈学校协办。

其后，吉林省图书馆主办，赵家治、赵瑜军任编委会主任，宋艳主编，马犇执行主编的吉林省图书馆馆刊《爱尚书香》于二〇一九年十二月出刊了二〇一九年第六期（总第四十六期），内有"全国民间读书年会小辑"，此刊小辑内容包括陈子善《〈书香郑州〉序》、马国兴《〈书香郑州〉编后记》、朱晓剑《在哈尔滨相遇书店》、子张《自媒体与文集自印本》、李树德《孙陵独敬巴金》、孙永庆《发现的愉悦》、季米《哈尔滨散记》和潘小娴《后花园里的芬芳》等八篇与年会相关的文章。

据闻，记录此次年会的相关书籍正在编辑中，即将出版。

第十八届全国民间读书年会将于二〇二〇年秋天在四川省成都市召开，这也是第八届全国民间读书年会于二〇一〇年十一月十七日至十九日在成都市毓秀苑宾馆召开后，全国民间读书年会第二次在成都市召开。

回首全国民间读书年会的发展历程，读书年会由蔡玉洗先生与董宁文先生发起，犹如星星之火，历经黄成勇、谭宗远、张阿泉、邹农耕、自牧、龚明德、卢礼阳、徐玉福、周立民、舒凡、王振良、黄岳年、周音莹、马国兴、章海宁等同道薪火相传，已成燎原之势，为发展全民阅读照亮了一片天空。

文章开头笔者说了，这里记录的只是笔者个人集存的部分资料，因孤陋寡闻而必有遗珍，还望方家补漏指正。另外，这里所述还只是专为记录年会而出版的杂志的专号、专辑、特刊和专为年会而出版的书籍，不包括报纸的专刊，如二〇〇八年十月三十日出版的《清泉部落》第十期（总第十二期）"全国第六届民间读书年会专号"，也不包括零散登载于报纸、杂志和书籍中的与民间读书年会有关的文章，这类文章刊载于如《书友》《清泉部落》《温州读书报》《张掖阅读》等报纸，《日记杂志》《悦读时代》《点滴》《书简》等杂志及阿滢著《秋缘斋书事》、徐雁著《秋禾行旅记》、黄岳年著《水西流集》、李传新著《拥书闲读》、吴茂华著《草木之秋：流沙河近年实录》等书籍。现在是互联网时代，如果算上微博、微信等网络媒体，那将更是有海量的记录存在。如果将所有关于读书年会的记录收集全，会是一项浩大的工程，或者可以写出一部编年体（或年谱）式的全国民间读书年会史，寄希望于有能力之人完成此盛业。

谨以此文，向为历届读书年会做出贡献的人致敬，向参加历届读书年会的读书人致敬。

完稿于二〇一九年十二月十八日

开卷有瘾

宁孜勤

南京这个地方，自六朝以来，没出什么了不起的大英雄，反倒是文脉相传，一直默默的承载起延续和发展中华文化的义务，所以才能被联合国教科文组织授予中国唯一的一个"世界文学之都"的称号。这也是历代多少文人薪火相传，焚膏继晷得来的荣誉。

说来有趣，被戏称为"徽京"的南京，地处南北文化的分界线上，民风朴素直爽，所以任何地方的人到得南京来，都不会感觉到一点不适，也少有异乡情结。南京的女孩子也是既有温柔体贴，又能开朗大方的可人儿，曾经有一段时间——空姐很当红的时节，全国的航空公司都不约而同地要到南京来挑选空姐，想来也是因为自古以来秦淮河水就是文气十足，所以浸润的南京女孩子都从每根发梢里透出文质彬彬的味道。

然而在这种直爽开朗城市里的文人们，却大多有一种"深藏功名"的默契，不论是学富五车、著作等身的大家，还是孜孜以求、醉心于书斋的隐士，少有那种喜欢排众而出，争做"群众意见领袖"，要争个名望的人。这些不太在意名头的文士，在南京城里"暗流涌动"，这才是南京文化最有实力的中间力量。话说在南京玄武门附近的湖南路上，很早以前便建起了一家名字很文气的"凤凰台"饭店。曾有好多次在那里参与些社交应酬。而在这家饭店大堂会摆有一些书籍,客房里也会有书供人阅读,这可能是中国最早将阅读引入酒店经营理念的。在这其中有一种经常更新的小小月刊,叫作《开卷》。说起来它算是个"内部出版物",然而到如今已"内部"了二十年,却也相安无事。这本小月刊,设计装帧极为朴素,却很有内涵,不张扬,但有张力。每期十数篇文字,大多为中国文坛的重量级人物的随笔小札。这些文章因为都是作者敞开心扉、毫无心芥的情境下自然流淌的文字,所以读来令人回味无穷。我一直拿喝茶来比较,有能喝普洱者、有能喝岩茶者、有能喝凤凰单枞者,但自古文人相传,只有能品出狮峰龙井的真滋味者,方为高。这些《开卷》上的精短文字,就是一杯杯明前狮峰龙井,爱者能从中感受到那种意韵高远而又齿颊留香的心境——即使你身处尘市。

而最最难得的,则是《开卷》二十年如一日所坚持并保持一贯的这种高品位。

当下的精英阶层最时髦的话头便是自由与平等。确实,从社会制度和社会治理上讲,倡导自由与平等是极为合理的。但是这里却有个悖论,人,在精神上永远不可能真正"平等",因为精神境界乃是与每个人的修养有关。这一点,从《开卷》上便可见到。事实上,这二十年来,小小的《开卷》已经在芸芸众生中不经意地划分出了这么一个"阶层",这个阶层,就嗜好《开卷》的这个品味儿!

《开卷》的当家掌柜董宁文兄,也是这么个不事张扬的人,每日里背着个大布兜,经常跟普通人一样挤地铁。在他身上看不到一点点文人多少都有些点儿的自负,有的却都是谦和的表情,放到人群中,一点都不显。但有谁知道,他的布兜中有的都是这些年来文坛的"大人物"应约而来的手稿,据说二十年来,董宁文给每位大家"平等"的计付稿酬是每千字六十元,而每位作者却多"受之若饴"。这是眼下任何一家正规刊物都望尘莫及的。说起来，《开卷》至今，近二十年里，人们能数得出的文人、名人，全都被董宁文打捞过不止一遍了，搁一般人，恐怕天天都不会忘了把这些名人挂在嘴边，好装出个身段来。二十年前，他也还是个无名小子的时候，那些个老先生都乐意应他的约稿，恐怕看中的还是个人的品性吧。《庄子·德充符》中，假孔子之口说道："平者，水停之盛也。其可以为法也，内保之而外不荡也。德者，成和之脩也。德不形者，物不能离也。"大约就是董宁文这样子的吧。

有斯人遂有斯刊。

我等凡人，均有私心，希望在有涯之生命中依然能过足这"瘾"，所以祝《开卷》长命百岁！

庚子年二月写在《开卷》二十周年

（原载二〇二〇年四月十四日《协商新报》）

编后小记

上周收到这本校样后,一直在校阅、修订之中。本书从二〇一〇年那篇追忆黄宗江先生的短文,一直到宁孜勤兄在《开卷》创刊二十年前夕所写的《开卷有瘾》,二十年间我在编刊、编书之余写下的这样一些零星的文字,虽不足道,但从中却可看出一本民间读书刊物二十年间的风雨历程以及其间的点点滴滴。这本小小的《开卷》之所以始终受到读书人的青眼,我想可能还是传统的书香情怀在当代的一种血脉传承吧。

锺叔河先生是我所敬重的老辈学人、编辑大家,这些年来,我一直得到锺先生的支持、帮助与鼓励,从锺先生那里学到了不少做人之道、编辑之道,在这篇短短的后记中不可能一一道来,我想留待以后再慢慢梳理吧,或许这些感悟写出来之后,会对后学有所帮助与启发。

我一向喜欢锺先生的墨迹,在这本小书中也收了一篇我多年前所写的《闲话锺叔河先生的墨迹》。锺先生所写的这些书卷气扑面而来的字也非常符合"开卷"系列丛书的气息,这一辑五本的书名请锺先生题写,也是我多年前的愿望。在此,谢谢锺先生的厚爱,虽然锺先生总是谦虚地说他的字写得不好。

本书的校阅也得到了金小明、张运昌两位同道的帮助，在此，谨对二位致以诚挚的感谢。另外，更要感谢彭卫国兄、周伯军先生对"开卷书坊"丛书多年来的支持与帮助。鱼丽兄作为这套丛书的策划与责任编辑，为此付出了大量的心血，尤其是每套丛书出版之后她所写的编辑札记，足见其匠心与慧心。这些当铭记于心，并不仅仅是"感谢"所能表达万一的。

二〇二〇年五月二十日中午，今天正巧也是"我爱您"这个极富口彩的好日子，正合"爱读者、爱作者、爱编者"之意。特记于此，以为纪念也。

策 划

宁孜勤

主 编

董宁文

第一辑

开卷闲话六编	子 聪
我的歌台文坛	宋 词
纸醉书迷	张国功
书林物语	沈 津
条畅小集	严晓星
书虫日记二集	彭国梁
劫后书忆	躲斋
寻我旧梦	鲲 西

第二辑

开卷闲话七编	子 聪
邃谷序评	来新夏
难忘王府井	姜德明
楮柿楼杂稿	扬之水
读书抽茧录	桑 农
书虫日记三集	彭国梁
书虫日记四集	彭国梁
笔记	沈胜衣
我来晴好	范笑我
听雪集	许宏泉
旧书的底蕴	韦 泱
旧书陈香	徐 雁

第三辑

开卷闲话八编	子 聪
一些书 一些人	子 张
左右左	锺叔河
西窗看花漫笔	李文俊
待漏轩文存	吴奔星
自画像	陈子善
文人	周立民
我之所思	刘绪源
温暖的书缘	徐 鲁
书缘深深深几许	毛乐耕

第四辑

开卷闲话九编	子 聪
文坛逸话	石 湾
渊研楼杂忆	汤炳正
转益多师	陈尚君
退密文存	周退密
回忆中的师友群像	钱伯城
旧日文事	龚明德

第五辑

开卷闲话十编	子 聪
白与黄	张叹凤
拙斋书话	高克勤
雨脚集	止 庵
北京往日抄	谢其章
文人影	谭宗远
云影	吴钧陶
怀土小集	王稼句

第六辑

人在字里行间	子 张
书话点将录	王成玉
人生不满百 ——朱健九十自述	朱 健 肖 欣
百札馆闲记	张瑞田
夜航船上	徐 鲁
近楼书话	彭国梁

第七辑
- 闲话开卷 | 子聪
- 木桃集 | 朱航满
- 百札馆三记 | 张瑞田
- 文人感旧录 | 眉睫
- 新月故人 | 唐吟方
- 三柳书屋谭往 | 顾村言

第八辑
- 闲话开卷续编 | 子聪
- 旧刊长短录 | 韦泱
- 疏林闲览 | 李福眠
- 书边小集 | 金小明
- 绝响与回声 | 罗银胜
- 转益集 | 徐雁

第九辑
- 杏庐读书记 | 叶嘉新
- 梅川序跋
  ——关于中国现代文学 | 陈子善
- 旧时文事 | 龚明德
- 书生札记 | 蒋力
- 写在开卷边上 | 董宁文